I0707347

LAS IDEAS **LIBERALES** SOBRE LA NACIÓN BOLIVIANA

(1898-1920)

Gabriel M. Soto Villegas

Primera edición, noviembre 2020

©Autor: Gabriel M. Soto Villegas
E-mail: gabrielm.sotovillegas@gmail.com
Cochabamba – Bolivia

Resolución Administrativa SENAPI No 1-823/2020
Depósito Legal: 2-1-1334-20
ISBN: 9798567288528

Foto Portada: Dr. Manuel de la Cruz Villegas y Dña. Delmira del Carpio (Colección familia Villegas)
Diagramación: Gabriela Antezana Balcazar (T.G.K)

Impreso en Talleres Gráficos "Kipus", Cochabamba
Printed in Bolivia

A mis padres

Cualquiera que tenga un dedo de frente se
ríe de todo esto, pero es preciso fingir que
se cree: cuando la locura es colectiva,
es inútil rebelarse.

Hugo Pratt, *La laguna de los hermosos sueños.*

CONTENIDO

PRESENTACIÓN

En pleno siglo XXI, la vuelta al debate sobre las ideas de nación y sobre el nacionalismo, como ejes de lo político, campea por el mundo. Esta constatación es paradójica si tomamos en cuenta lo señalado por Eric Hobsbawm, en 1992, en su texto *Naciones y nacionalismos desde 1780*, que el apogeo del nacionalismo se habría dado entre 1918 y 1950 –durante la crisis de los imperios y el nacimiento de varias naciones, antes enclaves coloniales en el Asia y en África: "la victoria crea naciones, las derrotas nacionalismos"–, pero que de ahí en adelante, a pesar de continuar siendo un dispositivo político importante, no tendría nunca más esa anterior potencia catalizadora.

La realidad actual nos muestra un panorama distinto. Gran parte de los movimientos sociales y políticos en el mundo tienen su basamento en propuestas (etno)-nacionalistas dentro de los mismos Estados-nación. Sin ir a lugares tan alejados como Cataluña-España, en Bolivia, durante las dos últimas décadas, la idea de nación y principalmente los etno-nacionalismos (quién no recuerda eso de nación camba, nación qullana, nación chapaca, etc., y una suerte de desacreditación de "lo boliviano") han sido los ejes narrativos centrales para la movilización política y social. Finalmente, quedará plasmada en una Constitución donde el Estado es concebido como plurinacional a partir del reconocimiento de 30-y-tantas "naciones" internas, que antes eran conceptualizadas como "grupos étnicos y/o lingüísticos".

Quiero considerar en esta presentación una de las ideas del texto de Gabriel M. Soto Villegas y que es una preocupación que devuelve al debate sobre lo político en Bolivia: la idea de nación. No me referiré a la temática del nacionalismo, sino tangencialmente, ya que en su complejidad, es un dispositivo paradojal que es político y apolítico; es ético y es estético, es "natural" y es artificial, es tangible e intangible, es material e inmaterial, es construido y es natural-orgánico. Me apunto al título del libro que es la que da una de las claves que aborda el autor: *Las ideas liberales sobre la nación boliviana (1898-1920)*.

A fin de contextualizar este abordaje dentro del panorama político boliviano, el autor realiza varias entradas en torno incluso al período colonial que, se asume en Bolivia, se proyecta en una suerte de pensamiento colonial y donde conceptos como raza, casta, colonialismo, homogeneización, son importantes para pensar las ideas de nación. Aunque no queda explicitado en el texto, el concepto de Estado corre paralelo a la formulación de las ideas de nación.

A fin de presentar el texto, me gustaría hacerlo bajo ambas ópticas: el del Estado y el de la nación. En el primer caso, dentro del periodo que el autor trabaja, la historiografía reconoce dos tipos de Estado: 1) el Tributario (1825-1872) y el Minero (1872-1952). El primero, con un proyecto económico proteccionista donde el tributo indígena es importante en el sostén económico —y por lo tanto los mismos indígenas—, lo que generará una suerte de "pacto de reciprocidad" con el Estado y, el segundo, liberal, exportador, y donde los minerales y la tecnología serán los elementos modernizadores de la economía de Bolivia. La historiografía reconoce, además, dentro del Estado Minero, dos momentos que corresponden a un determinado tipo de élite política estatal: el de los "patriarcas de la plata" y el de los "barones del estaño". Es evidente que el periodo que trabaja el autor, 1898 a 1920, corresponde al de los "barones". Dentro del imaginario político, el Estado, como aparato administrativo es, no solo de género masculino, sino que está vinculado, ahora sí, a un estamento. Como sustento de creación societal imaginaria, un evento será importante y tendrá un gran impacto en la historia política en este periodo: la Guerra Federal de 1899; más puntualmente, la derrota indígena, carnalizada no tanto en la figura del Zarate Willka sino en el proceso de Mohoza cuando el "indio" imaginario e imaginado, es considerado desde entonces: económicamente como de "manos muertas" y social y culturalmente como retrasada y falto de instrucción (civil, moral, educativa, lingüística, económica).

Gabriel Soto V. sitúa su debate sobre la nación de los liberales a partir de autores de la talla de Gellner o de Benedict Anderson. Es probable que las élites letradas decimonónicas bolivianas, signadas por su gusto por lo francés, hayan conocido el texto de Ernest Renan, presentado en una Conferencia en la Sorbona, París, el 11 de marzo de 1882 titulado ¿Qué es una nación? y cuyos argumentos son, incluso ahora, de actualidad. Luego de una larga consideración sobre diversos atributos como la geografía, la raza, la etnia, la historia común, las sangres derramadas, los héroes, las grandes solidaridades, los sacrificios, "que se ha hecho y de aquellos que todavía se está dispuesto a hacer" y un etcétera, para Ernest Renan, una nación era todo eso y más: era "un hecho tangible: el consentimiento, el deseo claramente expresado de continuar la vida común". En una frase, "una nación es (perdonadme esta metáfora) un plebiscito cotidiano". Suponía la idea francesa de nación basada en la noción de igualdad o, por ponerlo en términos Rousseaunianos, centrado en el "contrato social" –sufragio voluntario renovado– en un espacio considerado "común".

Es en la primera Constitución Política de Bolivia, de 1826, donde se da una primera definición de nación en su Art. 1: "La nación boliviana es la reunión de todos los bolivianos". Ningún criterio étnico, de lengua, de sangre, geografía, o de antigua asociación. Se trata de una idea de nación objetiva, acorde a la acepción medieval europea: nación, viene de *natío*, *nascere;* todos los que nacen dentro de una congregación (clan, ayllu o país) pertenecen a esa nación. Es por tal motivo que durante todo el siglo XIX, la idea de patria –del latín *pater*–, que en su acepción geográfica hispana hace referencia al lugar nativo, la villa, la tierra, el "suelo que a uno lo vio nacer", será poderosa. La patria hace referencia a lo tangible, a lo material, a la *sayaña*, el entorno de vida y a su cuidado. Por eso, la patria tiene fecha de nacimiento y quienes pelearon por ella son patriotas o compatriotas. Al ser creación nueva, debía tener nombre propio, "símbolos patrios" propios (la bandera, la escarapela), colores, sonoridades (himnos, marchas y "canciones patrióticas"). Patria era patrimonio.

No puedo pensarme ahora sin poner sonoridades a esta reflexión. Suena en mi cabeza ese Yaraví atribuido al que fuera Presidente de Bolivia entre 1841-1847, General José Ballivián y presentado por Franklin Anaya en su libro sobre la música en Bolivia, cuya letra y ritmo anhela falta de suelo:

Canto del Proscrito

Aquí en playas extranjeras

tras de un porvenir incierto

como viento del desierto

sin destino vagaré.

Sopla viento de mi patria,

sopla, sopla por piedad

aunque vengas mensajero

de una gran adversidad.

Esa es la patria. ¿Cómo fue pensada la nación? Son igualmente imágenes sonoras las que se me vienen y es obvio que no puedo abstraerme de que la república significó una ruptura con un orden colonial, que ya no existe más. El control sonoro de la iglesia se había ido. Bolivia estaba inscrita en el "concierto de las naciones" y, sin duda, no será casual que aparezcan por todos lados, "aires nacionales".

El Romanticismo, contrario a todo clasicismo, será importante en los movimientos nacionalistas en los países de la periferia de Europa Central. Es obvio, no son "franceses". Son más acercados a la idea alemana de Herder, quién consideraba la nación como una "comunidad de destino" y daba mucha importancia a la poesía y a las canciones populares; en clave política, si para los franceses el Estado precedía a la idea de nación, para los herderianos la idea de nación precedía al Estado, incluso desde el mito. A la idea sonora de nación-razón –con fuerte vínculos incluso con la idea posterior de *nation-building*–, se le oponía las sonoridades románticas a-racionales, intimistas y preocupadas más por la fuerza interna de los matices acústicos que por la racionalidad estructural; por una preferencia de formas musicales menores –como el triste, la cueca y el bailecito de la tierra, al bolero de caballería. Parafraseando a María Démelas, emergían allí y acá nacionalismos musicales sin idea de nación.

Un elemento central en este nacionalismo romántico –que deviene sentimentalmente emparejado al patriotismo– será el "pacto de reciprocidad" con lo popular y con lo indígena como fuente de inspiración y que quedará plasmada incluso en la naciente música académica boliviana, como se aprecia en la obra pianística de una extraordinaria mujer de la élite paceña, difunta en Francia: Modesta Sanjinés Uriarte. Ese oído romantizado hacia lo popular será el elemento clave en las sonoridades de lo político conservador ilustrado y erudito (Simeón Roncal o Miguel Ángel Valda).

¿Qué género, etnia, clase, o sustancia tenía la nación en el siglo XIX? Ninguna. Una constatación: no era un plebiscito cotidiano. Luego de la derrota indígena en la guerra Federal (1899) tampoco las élites se pensarán como una "comunidad de destino" a partir de un "ser ancestral" étnico o un "origen" común; desde una originariedad. Tampoco podían reivindicar la idea racional-contractual de nación ya que eso habría supuesto reconocer una ciudadanía centrada en la igualdad. Sin embargo, la mesa de la idea de nación en el siglo XIX y principios del siglo XX, estaba servida para el debate.

Para concluir, me parece importante pensar en una poderosa idea de nación y que proviene de la élite letrada (ahí emergen los nombres de Franz Tamayo, Alcides Arguedas, Carlos Medinacelli) pos-1920, que es donde acaba el texto de Gabriel Soto V. En esa línea, no es desdeñable introducir a Jaime Mendoza y su idea organicista-telurista de nación, planteada en su obra *El Macizo Andino*. Centrada en el factor geográfico, me parece que es la metáfora imaginaria –a despecho de Renan– bajo la cual algunas élites bolivianas resuelven el problema del "origen": "Solo la naturaleza realiza obras grandes y definitivas. Ella fija los moldes primordiales, talla los territorios, construye lo que podemos llamar las naciones naturales. Es ser humano hace el resto". La idea de "nación natural" es contraria a pensarla como una entidad artificial, cultural. Por lo tanto, lo sustancial de la nación no está en una "comunidad de destino", ni es producto de la educabilidad o del contrato: "el medio (físico y natural) es forjador de razas y creador de naciones. Forma lazos que atan, unos con otros, los grupos humanos, les da el aire familiar que tienen, crea sus tradiciones, hace sus historias". El hombre no es sino su propio medio plasmado en forma de personalidad humana o, en sus palabras: "El medio hace al hombre". Será entonces el medio el que modelará la psicología, el carácter, la cultura, la música, la poética, los sentimientos. Es el "factor geográfico" el que precederá a cualquier formulación humana e incluso de vida. Lo histórico-cultural –que llama "herencia"– no será para Mendoza nada más que la "transmisión por los antecesores a sus descendientes de las influencias del medio". En términos histórico-culturales, será un proceso "a la vez de regresión, de repetición y de renovación. Tiahuanaco, Kollasuyu, Imperio Incaico, Audiencia de Charcas, Alto Perú, Bolivia: he ahí otros tantos momentos en el milenario palpitar del gran macizo".

Walter Sánchez Canedo
Cochabamba, marzo 2020

INTRODUCCIÓN

Puede resultar extraño que, en una época en la que superabundan los estudios indigenistas y *postcoloniales* en Bolivia, alguien se anime a estudiar a los estratos dominantes de principios de siglo XX. Esto se debe a que, en gran medida, estos estratos representan todo aquel comportamiento elitista que automáticamente invalidamos por su propia naturaleza. En todo caso, aunque muchas de estas presunciones pueden llegar a ser correctas en muchos aspectos, hay otras tantas que no. Porque al final, de alguna manera y como seres humano, siempre terminamos alejándonos de la supuesta imparcialidad científica con la que debemos acercarnos a nuestro objeto de estudio y nos olvidamos de que, para bien o para mal, dicho objeto eran también hombres que estaban tan predispuestos hacia los sesgos de su época, como nosotros a la nuestra.

En todo caso, lo que interesa recordar en este trabajo es que fueron ellos los que, en un inicio, propusieron la creación de un sentimiento "nacionalista boliviano" que, hasta entonces, había sido inédito en Bolivia. Por supuesto, lo trataron de hacer en base a procesos homogeneizantes que negaban (y, en algunos sentidos, aun niegan) la verdadera diversidad, en favor de la creación de supuestos derechos ciudadanos que, en la práctica, estaban pensados para ser muy parcializados.

De todas maneras, la idea de la existencia de una "homogeneidad cultural" en lo que se refiere a las naciones, siempre pudo ser interpretada de varias maneras; una es la homogeneidad cívica, de la cual hablé hace unos instantes, pero en lo absoluto es la única. Por tanto, para una mejor comprensión de este tópico, el capítulo primero de este libro se basa, sobre todo, en una recopilación rápida de las diferentes concepciones de la "nación", ya sea a través del lenguaje o de la etnicidad.

En todo caso, es la identidad cívica la que verdaderamente interesaba a los liberales llegados al poder 1899. Sin embargo, la misma forma en la que estos entendían al "liberalismo" era único en muchos aspectos. Esto, en gran medida, se debió a la influencia cultural que les habían legado los españoles, y que se puede rastrear hasta la tradición burocrática del antiguo imperio ibérico. No hay que olvidar que el imperio español propulsaba la diferenciación cultural (y racial) a través de las *castas* sociales. Sin embargo, incluso la creación de una casta social no aparece, en la realidad social, de la nada y como por arte de magia, sino que tiene un sustento histórico que también se analizará y recordará, en el segundo capítulo, de manera sucinta.

También se analizará, y ya llegando a la tercera parte del libro, lo que corresponde al pensamiento conservador criollo de finales del siglo XIX y principios del XX. Pensamiento que, como todo buen pensamiento conservador, se preocupa de las tradiciones y de los vínculos con el pasado, todo esto enmarcado en periodos de grandes crisis y también grandes pérdidas territoriales. De todas maneras, espero no hacer dar la impresión, en este estudio, de que los conservadores de entonces eran tan solo un montón de paletos enceguecidos por sus propios prejuicios, no. Si hay algo poderoso en lo que concierne a la ideología (o filosofía) conservadora, es el hecho de que en alguna manera *todos* nos podemos identificar con esta en algún momento de nuestras vidas. Todo aquel que es un conservador, en realidad, no es aquel personaje de ficción que disfruta aterrorizando a la gente mientras sonríe para sí mismo enrulándose el bigote, sino que pelea por cosas más mundanas: una forma de vida a la que él está acostumbrado y de la que no ve nada de malo.

Sin embargo, aquellos que están en las partes más inferiores del sistema, generalmente no sienten mucha simpatía por este. Es aquí donde entran en escena las ideologías más progresistas que tratan de subvertir el orden establecido: siempre prometiendo la paz, el orden, pero, sobre todo, el progreso. Este rol, lo ocupó parcialmente en las primeras décadas del siglo pasado en Bolivia, el liberalismo. Aquí pues, ya llegamos a la última parte del libro y finalmente introducimos a su verdadero sujeto de estudio: los liberales de principios de siglo XX, ganadores de la mal llamada Guerra Federal (1898-1899). En contra de todos los poderes conservadores, estos se propusieron, finalmente, construir a la tan necesitada "nación boliviana". Nación que se quiso crear en base a derechos cívicos que, en teoría, homogeneizaban a poblaciones tan diferentes las unas de las otras. "Homogeneidad" que solamente fue nominal y que, al final, constituyó un gran fracaso puesto que se basaba más en palabras que en hechos verdaderos. La sociedad de entonces, pese a toda la retórica, permanecía tan rígidamente estratificada como antaño.

Aun así, esto no significa que las cosas no hubiesen cambiado. La idea de "nación" y de "progreso" que implementaron los liberales, antecedieron con mucho a la revolución de 1952. Revolución que, aunque sale de los parámetros de esta investigación, es innegable que se nutrió mucho, sin quererlo, de muchos de los preceptos liberales de décadas atrás, aunque ya con algunos valores invertidos. Es decir, ya no era un nacionalismo que iba desde el tope de la pirámide hasta la base, sino que iba desde la base y era oída incluso en la cúspide. En todo caso, a partir de aquí solo podemos imaginar, especular y preguntarnos si la nación boliviana sería la misma sin este pedazo de su historia.

Quiero agradecer especialmente tanto al Dr. Carlos Crespo como también al Dr. Gustavo Soto Santiesteban, quienes muy amablemente supervisaron este trabajo. También me gustaría agradecer las observaciones, comentarios y apoyo de Beatrix Alanes, Tomás Fernández y Lucía Terrazas, a ellos, mi más sentido agradecimiento. Y por último, claro está, un agradecimiento especial hacia mi familia, con especial atención a mi padre, César Soto, de quien heredé el amor hacia las palabras.

1
LAS NACIONES HOMOGÉNEAS

Cuando hablamos de naciones, la mayoría de los estudiosos al respecto nos mencionan que, para conformarse este tipo de comunidad, los individuos que la componen deben de tener algunos rasgos en común. Así pues, una nación, para ser considerada como tal, aparentemente debe cumplir ciertos requisitos de "homogeneidad" en ella. Entonces, surge la duda: ¿qué es exactamente esa cosa, que algunos estudiosos del nacionalismo llaman "homogeneidad cultural"? Aunque los criterios pueden ser muy variados, Daniele Conversi la llegó a definir como "a distinctive form of social engineering exerted by state elites aiming at making the polity and the citizens ethnically and culturally 'congruent'[1]". Pero, ¿a qué se refiere exactamente con que las élites gobernantes y los ciudadanos sean *congruentes*? La congruencia, pienso, no es más que la relación entre dos cosas que comparte un *vínculo,* lo cual, es la clave para entender la legitimidad política de los que gobiernan: es la conexión que existe entre las élites y las masas que están gobernando. La razón de la existencia de este vínculo es obvia: no importa que tan poderosa sea una clase gobernante, como mínimo, necesitan la aprobación de los que están gobernados para tener un poco de gobernabilidad. No es de extrañar, por eso, que Conversi, como tantos otros antes que él, observaba el problema de la homogeneidad desde el punto de vista del *nacionalismo.*

---

[1] [Una forma distintiva de ingeniería social ejercida por las élites estatales con el objetivo de hacer a la política y a los ciudadanos étnica y culturalmente 'congruentes']. Daniele Conversi, "'We are all equals' Militarism, homogenization and 'egalitarianism' in nationalist state-building (1789-1945)", en *Ethnic and racial studies 31 (7),* 2008, p. 1286. La traducción es mía.

La manera más común en la que se ha tratado de definir y delimitar a la nación ha sido a través del lenguaje. Ernest Gellner, pionero moderno en este sentido, consideraba que la homogeneidad cultural era un hecho solo posible gracias a la llegada del industrialismo y de la modernidad. En su modelo, la homogeneidad ocurriría cuando un estrato elitario o "Alta Cultura", lograba imponer, gracias a su poder y sus medios, una lengua alfabetizada estandarizada para fines burocráticos dentro de un determinado territorio, pero al mismo tiempo, gracias a la aparición de sistemas educativos eficientes, esta misma lengua se lograría propagar hacia otros estratos de la población. Por esto es que Conversi, al analizar el modelo de Gellner, menciona que en él "'culture' overlaps with communication, most notably language[2]", o en otras palabras, sería un modelo "gloto-céntrico". Esto no tiene nada de extraño, puesto que durante mucho tiempo existió la concepción de que, para ser un verdadero Estado-nación, este debía poseer, como requisito indispensable, una "lengua nacional" propia. De ahí que Conversi concluyera que "the only form of cultural standardization rationally required by modern societies is linguistic[3]", al menos, en sus etapas más tempranas.

Pero lo cierto es que el hecho de que una nación se identifique con una lengua, suele ser algo menos poético de lo que generalmente se considera. Como ya se dijo antes, la imposición de una "lengua nacional", solo sería posible con la llegada del industrialismo y esto, solo después de haber llenado una serie de requisitos que anteceden a la misma nación, entre los que se encuentran la creación de sistemas educativos nacionales y la enseñanza de una lengua estandarizada. Todo esto conlleva a cierto tipo de *homogeneización social*, antecedente directo de la aparición de la cultura de

---

[2] [La cultura se superpone a la comunicación, especialmente con el lenguaje]. Daniele Conversi, "Homogenization, nationalism and war; should we still read Ernest Gellner?", en *Nations and nationalism 13 (3)*, 2007, p. 374. La traducción es mía.

[3] [La única forma de estandarización cultural requerida para las sociedades modernas es la lingüística]. Daniele Conversi, "Homogenization, nationalism and war...", p. 375-376. La traducción es mía.

masas. Este nuevo tipo de cultura es deseado por los Estados centralizados, porque permite a millones de individuos ser capaces de realizar ciertas tareas genéricas y estandarizadas que requiere la sociedad. En todo caso, saber leer y escribir, entender derechos y obligaciones, se convierten en el pivote para que grupos humanos enteros formen un verdadero proyecto nacional:

> El nacionalismo –nos lo resume así– es esencialmente la imposición general de una cultura desarrollada a una sociedad en que hasta entonces la mayoría, y en algunos casos la totalidad, de la población se había regido por culturas primarias. Esto implica la difusión generalizada de un idioma mediatizado por la escuela y supervisado académicamente, codificado según las exigencias de una comunicación burocrática y tecnológica módicamente precisa[4].

Pero, ¿cómo, en primer lugar, una lengua sería capaz de adquirir un carácter "oficial"? La mayor contribución a este respecto, y tal vez la más célebre, nos la dio Benedict Anderson. Al considerar este el papel que pudo haber tenido la aparición del capitalismo impreso en la vieja Europa, vio en ella la razón de porqué cierto número de lenguas vernáculas, en determinados territorios, fueron cobrando mayor fuerza hasta que éstas se volvieron una lengua de Estado, es decir, una lengua utilizada por una élite política para centralizar administrativamente su burocracia y sus territorios[5]. No es que el uso de una lengua administrativa fuera algo novedoso antes de la aparición de la imprenta de Gutenberg, pero lo que cambió con ella fue el hecho de que las letras ya no sólo podían pertenecer a sectores privilegiados de la sociedad, como a los aristócratas o a miembros del clero, sino que incluso podían llegar a ingresar a ese mercado, personas más mundanas, como los comerciantes por ejemplo, o cualquier sector pequeño burgués que desease articularse en un mundo

---

4   Ernest Gellner, *Naciones y nacionalismo*, Alianza editorial, Madrid, 1983, p. 82.

5   Benedict Anderson, *Comunidades imaginadas, Reflexiones sobre el origen la difusión del nacionalismo*, FCE, México D.F., p. 68.

más amplio. Así, paulatinamente estos diferentes grupos humanos se llegarían a autoidentificar con estas lenguas estatales, lo que eventualmente llevaría a que estos mismos individuos se logren percibir a sí mismos como miembros de una "comunidad imaginada", como una *nación*. Por eso, como este proceso es iniciado "desde arriba", Anderson no dudó en afirmar que "la nacionalidad, o la "calidad de nación" [...], al igual que el nacionalismo, son artefactos culturales de una clase particular[6]".

Esto último tal vez sea el hecho que más se critica a todos los enfoques glotocéntricos de la nación: es un tipo de uniformización que solo puede llevarse a la práctica con una agresiva ingeniería social estatal que se desentiende de los sentimientos más populares, es decir, de aquellos que más bien llegan "desde abajo". Los llamados *estudios postcoloniales,* por ejemplo, recalcan el hecho de que pareciera que este proceso de *homogeneización,* tal y como se ha expuesto hasta ahora, es bastante "fraternal". Este tipo de fraternidad comunal, según su punto de vista, negaría la existencia de las llamadas clases subalternas en pro de una retórica homogeneizadora falsa. En otras palabras, como bien lo resume Javier Sanjinés: "Anderson parece olvidar que en América latina siempre campeó la división entre una ciudadanía fuerte y otra débil, sojuzgada y dependiente, compuesta fundamentalmente de las mayorías étnicas[7]". Por supuesto no niego que el racismo es un rasgo que existió y aún existe en las sociedades latinoamericanas, pero la observación anterior parece un poco injusta con el mismo Anderson. No hay que olvidar que su modelo, estaba pensado para sociedades con un cierto grado de desarrollo que evidentemente no existía en Latinoamérica:

> En este sentido, la "incapacidad" de la experiencia hispano-americana para producir un nacionalismo propio permanente refleja el grado general de desarrollo del capitalismo y de la tecnología a

---

[6]   *Ibídem*, p. 21.

[7]   Javier Sanjinés, *Rescoldos del pasado Conflictos culturales en sociedades postcoloniales,* PIEB, La Paz, 2009, p. 55-56.

fines del siglo XVIII, así como el atraso "local" del capitalismo y la tecnología españoles en relación con la extensión administrativa del Imperio[8].

De todas maneras, el pensamiento *post* se empecina en recalcar el hecho de que toda concepción proveniente desde el Estado "deglute lo étnico[9]", puesto que gracias a esta retórica homogeneizadora de las sociedades Occidentales, se negaría a la figura de este "Otro" subalterno. Por tanto, para ellos, "reducir el lenguaje a una expresión del capitalismo de imprenta es problemático por dos razones: primera, porque olvida los usos diversos del lenguaje hablado cotidianamente; en segundo lugar, porque se entrega acríticamente al discurso de la modernidad y del tiempo histórico que la gobierna[10]".

Pero lo cierto es que la uniformización del lenguaje no significa que necesariamente haya un tipo de discriminación lingüística (aunque obviamente esto tampoco significa que no pueda existir). Es más, en muchos casos, ambos tipos de lenguajes son capaces de encontrar su propio espacio de interacción sin que estos sean mutuamente excluyentes. Para dar un ejemplo, el español es la lengua burocrática "oficial" en la mayoría de los países latinoamericanos. Esto sin embargo, jamás impidió que idiomas como el quechua y el aimara se hablaran extensivamente en sus propios espacios (por ejemplo, dentro de los propios hogares de estas personas o, inclusive, en los mercados de las ciudades, en donde estas lenguas vernáculas convivían con el español). Lo que más bien ocurre es que, en épocas anteriores, donde primaba el monolingüismo, se daba paso al pragmatismo y simplemente se podía optar por *una* lengua oficial; el

---

[8]   Benedict Anderson, *op. cit.*, p. 99.

[9]   Javier Sanjinés, *op. cit.*, p. 48

[10] *Ibídem*, p. 58. Este tiempo histórico al cual se refiere Sanjinés, no es otro que el tiempo "homogéneo-vacío" al que el Anderson se refiere en su propia obra y que constituye, según la noción de Sanjinés, una negación al tiempo "mesiánico" indígena, que no diferencia entre el presente, el pasado y el futuro.

multilingüismo estatal, es un fenómeno relativamente nuevo[11]. De todas maneras, el que los indígenas quisieran aprender español desde etapas tan tempranas solo significaba que querían formar parte de esa comunidad política más amplia, amén de tener un instrumento más para poder defender sus propios derechos. En ese sentido, concuerdo ampliamente con Hobsbawn cuando menciona que:

> Con todo, por mucho que simbolicen las aspiraciones nacionales, las lenguas tienen un número considerable de aplicaciones prácticas y socialmente diferenciadas, y las actitudes ante la lengua (o lenguas) que se elijan como la oficial (u oficiales) a efectos administrativos, educativos o de otro tipo, difieren en consecuencia. Recordemos, una vez más, que el elemento controvertible es la lengua escrita, o la lengua hablada para fines públicos. La lengua o lenguas que se hablen dentro de la esfera de comunicación privada no plantean problemas serios ni siquiera cuando coexisten con lenguas públicas, toda vez que cada una de ellas ocupa su propio espacio, como saben todos los niños cuando dejan el idioma apropiado para hablar con los padres por el que usan para hablar con los maestros o los amigos[12].

De esta manera, es relativamente común que una lengua administrativa funciona como una suerte de lengua franca. Esto se debe a que, en muchos casos, es casi imposible abandonar el *statu quo* lingüístico por las repercusiones que esto acarrearía. Con ello no quiero decir que una lengua vernácula menos aventajada no pueda ascender al estatus de lengua administrativa, pero lo cierto es que este proceso tendría que ser un quiebre doloroso que traería más disensiones dentro de la sociedad. Para ilustrar un ejemplo, Hobsbawn menciona el caso de la India, donde el inglés sigue funcionando como lengua administrativa pese a que el hindi es, *de*

---

[11] Aun así, la tendencia actual que tienen muchos países de tener más de una lengua "oficial", es por lo general, un hecho simbólico más que un acontecimiento con verdaderas repercusiones en la burocracia estatal.

[12] Eric Hobsbawn, *Naciones y nacionalismo desde 1780*, Crítica, Barcelona, 2004, p. 123.

iure, una de las lenguas oficiales. Sin embargo, la penetración del hindi como lengua "nacional" es fuertemente resistida en regiones que poseen sus propias lenguas tradicionales, como por ejemplo, en aquellas donde es utilizado el tamil. Para no ahondar los roces entre las diferentes regiones, se optó por el pragmatismo y el inglés pasó a consolidarse como lengua administrativa de la nación. América Latina también es un claro ejemplo del pragmatismo estatal: el español, jamás fue cuestionado como lengua administrativa incluso después de la caída del Imperio español. Es más, es un hecho bien sabido por aquellos que conocen el tema, que la defensa de las lenguas vernáculas, era una disputa en la que batallaban más los intelectuales indigenistas de la época que de los verdaderos indígenas.

Sin embargo, es importante señalar que la lengua no es la única manera de concebir a la nación. Otra de las formas en la que las naciones siempre han intentado, y aun hoy intentan, fundamentar su existencia es en base a la etnicidad. Zygmund Bauman anotó a este respecto que: "en primera instancia, la 'etnicidad', a diferencia de cualquier otro fundamento de unidad humana, tiene la ventaja de 'naturalizar la historia', de presentar lo cultural como 'un hecho de la naturaleza', la libertad como 'una necesidad entendida (y aceptada)'. La pertenencia étnica induce la acción: uno debe *elegir* ser leal a la propia naturaleza.[13]" Esto, sin embargo, representa un problema para la mayoría de los Estados modernos que se reivindican como nacionales: casi todos ellos tienen, por mínima que sea, una cuota de multiculturalismo, por lo cual, es difícil afirmar que alguna vez pudieron existir naciones completamente homogéneas.

Aun así, fue Anthony D. Smith, que puso el debate sobre la relación entre nacionalismo y etnicidad otra vez a la mesa. Este no duda en afirmar que las naciones tienen un antecedente pre-moderno en aquello que definió como la *ethnie* (término francés similar al de *etnia* pero que, a diferencia de este último, aparentemente no denota afinidades tipo "raciales"). Para

---

[13] Zygmunt Bauman, *Modernidad líquida*, FCE, Bs. As., 2006, p. 183

dar un ejemplo, uno de los posibles escenarios para la formación de las naciones, según este análisis, sería mediante la consolidación de una *ethnie* nuclear que, con el tiempo, lograría incorporar a otros estratos étnicos hasta formar lo que él llama, un *Estado étnico*. Dicho Estado étnico –así lo define él–, se afianzaría con el tiempo hasta el punto que nuevos lazos genealógicos se irían creando en torno a la *ethnie* dominante hasta que finalmente, las creaciones de mitos compartidos formarían en la comunidad la conciencia de pertenecer a una suerte de "superfamilia". Debido a esto, se crearían supuestos lazos de solidaridad entre los individuos de estas comunidades, nutridos por los mitos y las tradiciones. Pero, debido a que muchos de estos estratos étnicos son incorporados a la *ethnie* nuclear, no siempre de manera voluntaria, en cierta manera existe la admisión implícita de que no todas las *ethnies* pueden aspirar a tener un Estado propio, o siquiera a reivindicarse como nación:

> Aunque la mayor parte de las naciones recientes son de hecho poliétnicas, o, mejor dicho, la mayoría de los Estados-nación son poliétnicos, muchos de ellos empezaron a constituirse en torno a una *ethnie* dominante, que se anexionó o atrajo a otras *ethnies* o fragmentos étnicos al Estado al que dieron nombre y carta cultural[14].

Este fue un hecho que fue bien observado por los críticos de Smith. Montserrat Guibernau, por ejemplo, asegura que Smith falla en no poder distinguir entre los conceptos de nación y de Estado. La mayor prueba de ello, según él, sería el caso de la región de Cataluña que, pese a que a la fecha no tiene un Estado propio, posee un fuerte sentimiento de identidad nacional[15]. La solución de Guibernau a este dilema, sin embargo, me parece

---

[14]   Anthony D. Smith, *La identidad nacional*, Trama editorial, Madrid, 1997, p. 35

[15]   Según Guibernau, el fallo de Smith podría resumirse de la siguiente manera: "Moreover, Smith not only seems to imply that Spain is a 'nation of nations', an expression which is at least questionable, but he also neglects to point out that Catalans' rights and duties are conditional on their status as Spanish citizens." [Es más, Smith no solo parece implicar que España es una 'nación de naciones', una expresión que como mínimo es cuestionable, pero también olvida el hecho de que los derechos y obligaciones de los catalanes están condicionados a

demasiado *ad hoc*. Él concluye que habría que hacer distinción entre las "naciones con Estado", y las "naciones sin Estado", así pues, el diferencia a estos diferentes tipos de Estado de la siguiente manera: "by 'nation without states' I refer to those territorial communities with their own identity and a desire for self-determination included within the boundaries of one or more states, with which, by and large, they do not identify. In nation without states, the feeling of identity is generally based on their own common culture and history.[16]"

Pero, si una nación es meramente una comunidad que se distingue por rasgos culturales propios entonces, ¿en qué se diferencia una nación de, por ejemplo, aquellos sectores marginalizados que hoy en día se conocen con el nombre de "subalternidad"? En Bolivia, por ejemplo, estos sectores pueden llegar a ser fácilmente identificados con los componentes indígenas de la población, que reúnen todas las características de las llamadas "naciones sin Estado", al mismo tiempo que se las considera "subalternas". ¿Acaso lo que diferencia a una nación de un grupo subalterno es tan solo en el deseo de autodeterminación? Porque pareciera que existen *ethnies* o naciones (o como se las quiera llamar), que no parecen interesadas en tener su Estado territorial propio.

En este punto, me gustaría recordar que los *Estudios Subalternos*, inaugurados por Ranajit Guha, originalmente trataba de dar una lectura alternativa de las participaciones populares que, en su opinión, parecían no haber sido debidamente tomadas en cuenta por modelos explicativos de la

---

su condición de ciudadanos españoles]. Monserrat Guibernau, "Anthony D. Smith on nations and national identity: a critical assessment" en, *Nations and Nationalism 10 (1/2)*, 2004, p. 130. La traducción es mía.

[16] [Por 'naciones sin Estado' me refiero a esas comunidades territoriales con su propia identidad y deseo de autodeterminación dentro de los límites de uno o más Estados, en los cuales, por lo general, no se identifican. En las naciones, el sentimiento de identidad se basa en su propia cultura e historia comunes]. *Ibídem*, p. 132. La traducción es mía.

sociedad, como el marxismo[17]. El resultado final, sin embargo, es difícil de apreciar a cabalidad: Pareciera que esta alternativa se limita hoy a representar al Otro como una entidad con un fuerte síntoma de no pertenencia en la sociedad debido al racismo moderno –y posmoderno– imperante. Tal vez por todo esto, la subalternidad también tiende a "naturalizar" su historia en base a la etnicidad y los mitos colectivos; esta existe porque considera que su propia historia es negada por la propia modernidad. En otras palabras, considera que la modernidad solo espera reducirla a una esfera netamente folklórica y carnavalesca en nombre de la sociedad de masas. Por tanto, la subalternidad busca una nueva lectura de su propio pasado y encuentra la culpa de todos sus males en el proceso de colonialismo y neocolonialismo que subsume su identidad. ¿La solución al problema del colonialismo?, volver al pasado inmemorial imaginado de una manera idealizada. Pero el problema de este análisis es que nunca ve la historia "tal como realmente fue", sino más bien como "idílicamente supone que fue". Por esto tiende a retratar el propio pasado como un paraíso perdido que fue abruptamente arrebatado y al que se ansía volver. Pero aquí subyace la gran paradoja de la subalternidad: por un lado existe en cuanto su discurso se opone a la modernidad en sí; por otro, la Otredad no podría existir sin la misma modernidad, porque si esta no existiera, no podría identificarse a sí misma de manera dicotómica, es decir, la necesita para existir, de la misma manera que una sombra también necesita de una luz para "existir". Como bien observa Zizek en este sentido:

---

[17] Sin embargo, esta lectura alternativa trajo consigo el costo de no producir ninguna teoría universal, aunque esto no parece incomodarlos en absoluto; es más, parece enorgullecerlos. De hecho, Spivak resume bien esta posición de la siguiente manera: "Theoretical descriptions cannot produce universals. They can only ever produce provisional generalizations, even as the theorist realizes the crucial importance of their persistent production." [Las descripciones teóricas no pueden producir universales. Solo pueden producir generalizaciones provisionales, incluso cuando el teórico se da cuenta de la importancia crucial de su producción persistente]. Guha Ranajit y Gayatri Chakravorty Spivak, en *Selected Subaltern Studies*, Oxford University Press, Nueva York, 1998, p. 17. La traducción es mía.

La respuesta Lacaniana a la pregunta: ¿Desde dónde retorna lo reprimido? es paradójicamente, desde el futuro. Los síntomas son huellas sin sentido y su significado no se descubre excavando en la oculta profundidad del pasado, sino que se construye retroactivamente –el análisis produce la verdad, es decir, el marco significante que confiere al síntoma su lugar y significado simbólico. En cuanto entramos en el orden simbólico, el pasado está siempre presente en forma de tradición histórica y el significado de estas huellas no está dado; cambia continuamente con las transformaciones de la red del significante. Cada ruptura histórica, cada advenimiento de un nuevo significante amo, cambia retroactivamente el significado de toda tradición, reestructura la narración del pasado, lo hace legible de otro modo, nuevo[18].

Así, se puede entender a la Otredad como consecuencia de la frustración de las personas ante la hipocresía de la retórica liberal que promueve igualdad social y justicia, pero justamente esto es lo que lo convierte más en un síntoma antes que una solución. De todo esto se saca que, al tratar de encontrar un posible elemento "real" de diferenciación, como lo hace la subalternidad en base a la etnicidad, lo que acontece es que uno se encuentra con un modelo demasiado exclusivo como para poder crear cualquier tipo de sociedad. No hay que olvidar en este punto que las sociedades siempre han tenido una cierta cuota de pluralismo: realmente nunca ha existido o existirá una sociedad étnicamente homogénea, a no ser que, como en la Alemania Nazi, se opte por las deportaciones en masa o el genocidio.

En todo caso, las sociedades modernas hoy en día no están tan predispuestas a recurrir a medidas tan extremas como las del ejemplo anterior, y más bien optan por la tercera opción: la opción liberal. La democracia multiculturalista es prueba de ello. En muchos casos, en este

---

[18] Slavoj Zizek, *El sublime objeto de la ideología*, Ed. Siglo XXI, Bs. As., 2003, p. 87-88.

tipo de sociedades los llamamientos étnicos tienen una función bastante diferente y con finalidades mucho más prácticas para aquellos a los que pertenecen a estos grupos. Así pues:

> En una sociedad pluriétnica o comunal esto significa esencialmente negociar para que el grupo reciba la parte que le corresponda de los recursos del Estado frente a otros grupos, defender al grupo contra la discriminación y, en general, incrementar las oportunidades de sus miembros y disminuir sus desventajas. El nacionalismo en el sentido de exigir un Estado territorial aparte, o incluso la autonomía lingüística, nada tiene que ver con esto, aunque puede hacer que una diáspora se sienta satisfecha.[19]

Con todo, puede parecer extraño que el mismo concepto de "homogeneidad cultural", que es un fenómeno más ligado a la globalización y a su panteón de valores universales como la *liberté, egalité, fraternité*, haya calado tanto en la ideología nacionalista, que es por antonomasia, enemiga de la idea de un mundo globalizado. Aquí cabe recordar que autores como Bauman mencionan que "en el relato nacionalista, "pertenecer" es destino, no una elección ni un proyecto de vida.[20]"Pero desde un punto de vista netamente estatal, esta es una característica limitante, puesto que los Estados, en la mayoría de los casos, controlan territorios con culturas bastante diferentes entre sí. Por eso, y para legitimarse, estos mismos siempre fomentan los mitos constitutivos de sus respectivas naciones ya sean estas una guerra, una revolución o algún acontecimiento histórico que se considere trascendental para la formación de tal, lo cual lleva a demostrar que la comunidad nacional es, ante todo, una comunidad artificial cuyo fundamento es la historia.

Existe, sin embargo, otra característica de la ideología nacionalista que atañe aquí: esta puede llegar a operar como una "ilusión", o más bien,

---

[19] Eric Hobsbawn, *op. cit.*, p. 165.

[20] Zygmunt Bauman, *op. cit.*, p. 186.

como una suerte de espejismo. Por supuesto, y siguiendo con la analogía, un espejismo no es algo "real" en sí mismo, ya que solo se manifiesta a partir de los diferentes anhelos de los individuos que solo ven *lo que desean ver*, de la misma manera que dos personas perdidas en el desierto desean toparse un oasis. Dicho de otro modo: la ilusión es una manifestación de sus esperanzas y sus anhelos al mismo tiempo que fundamenta su cohesión. Por tanto, pienso que de la misma manera debe entenderse la homogeneidad cultural: no es algo que tenga un elemento verdaderamente "real" (como la etnicidad o el idioma), sino es algo que no está intrínsecamente ligada a nada. En ese sentido, la homogeneidad cultural pasa más allá del aspecto netamente político para situarse en el ideológico. Hay que recordar que, para pensadores como Zizek: "el espacio ideológico está hecho de elementos sin ligar, sin amarrar, "significantes flotantes" cuya identidad está "abierta", sobredeterminada por la articulación de los mismos en una cadena con otros elementos –es decir, su significación literal depende de su plus de significación metafórico.[21]" Y es precisamente por esto que la homogeneidad cultural encontró un espacio ideal para su difusión en la ideología nacionalista: esta logra penetrar en todos los estratos de la población, porque al fin y al cabo, todos ellos *desean* identificarse con el proyecto nacional puesto que se sienten identificados con él.

¿Cómo es esto último posible? La respuesta una vez más la podemos encontrar en Zizek: "para funcionar, la ideología dominante tiene que incorporar una serie de rasgos en los cuales la mayoría explotada puede reconocer sus auténticos anhelos[22]". Sin estos rasgos, ninguna ideología podría funcionar, y el más importante rasgo para la ideología nacionalista es el de la *ilusión* de igualdad social, aunque esta, en la práctica siempre sea defraudada. Es por eso que investigadores como Conversi consideran

---

[21] Slavoj Zizek, *op. cit.*, p. 125.

[22] Fredric Jameson y Slavoj Zizek, *Estudios culturales: Reflexiones sobre el multiculturalismo*, Paidos, Bs. As., 1998, p. 139-140.

que "the idea of citizens' equality is key to the legitimacy of nationalist projects[23]."

¿Se debería entonces, considerar a la nación como una forma de organización ante todo cívica? Porque pareciera que incluso los nacionalismos étnicos y lingüísticos tienden, en última instancia, hacia cierto tipo de civismo. Esto se debe al hecho de que la igualdad ciudadana, al menos en teoría, apareja derechos y obligaciones que solo ciertos grupos pueden disponer y gozar. Para proteger este mismo privilegio, en muchos casos se estereotipa a todo aquel que no es perteneciente al grupo, porque así, lo que se pretende es que un bloque monopolice ciertos mercados de trabajo y de ahí se entiende por qué los nacionalismos hacen eco del racismo y la retórica anti-inmigrante. No se debe creer, ingenuamente, que la xenofobia es algo que solamente es fomentado por una clase elitaria o culta desde una posición de poder; en muchas ocasiones también es algo fuertemente impulsado por los estratos populares más bajos. Por eso, como Ber Borojov bien apuntó, casi pareciera que la solidaridad de clase se acaba ahí donde escasean los puestos de trabajo:

> El problema del trabajo no solo tiene un valor puramente clasista, sino también nacional; el obrero inglés no tiene que proteger su lugar contra la presión del capitalista, sino contra el obrero inmigrado al país. Podemos afirmar por consiguiente que, en tanto el lugar nacional de trabajo no está asegurado, el problema nacional sobrepasa al problema puramente obrero. En tanto los obreros de una nación dada no aseguran aún su lugar, el problema del trabajo tiene para ellos un valor más candente que el de la lucha[24].

---

[23] [la idea de igualdad ciudadana es clave para la legitimidad los proyectos nacionalistas]. Conversi, "'We are all equals'...", p. 1287. La traducción es mía.

[24] Ber Borojov, *Nacionalismo y lucha de clase (1905-1917)*, Cuadernos del pasado y del presente N° 83, México D. F., 1979, p. 81. Un ejemplo reciente de cómo es que esta retórica anti-inmigrantes es capaz de calar tan hondo en el pensamiento popular, se puede ver en los grupos de extrema derecha que se están formando por toda Europa a raíz de las migraciones masivas provenientes del medio Oriente debido a los turbulentos acontecimientos de la

Pero por supuesto este tipo de pensamiento se enmarca en una situación totalmente ideal: incluso si las naciones estuvieran libres de la inmigración, esto no significaría que los conflictos de clase desaparecerían, lo cual solo demuestra que una de las fortalezas de la ideología nacionalista, es la de achacar culpas a otros por nuestras propias desgracias. De ahí que el triunfo de cada movimiento nacionalista siempre consistió en hacer creer a los individuos de una sociedad de que, independientemente de su clase o condición social, todos estos comparten un mismo vínculo que otros grupos ajenos al nuestro no pueden tener acceso. Por eso es que la figura del *extranjero* es clave dentro del imaginario nacionalista: los derechos que disponemos como ciudadanos de la nación-cívica solo pueden contrastarse con aquellos que no los poseen, es decir, aquellos que viven más allá de nuestras propias fronteras. No hay que olvidar que cuando un grupo se considera como "potencialmente nacional", lo que se pretende en realidad es formar un "nosotros", un tipo de identidad que estaría en contraposición de un "ellos", ajenos y enemigos de la propia nación.

Para objetivizar dicho vínculo, este puede ser pensado de muchas maneras: lingüístico, étnico, e inclusive religioso. Pero la razón por la que una nación termina adoptando el modelo cívico, es porque no puede hacer coincidir todas las características anteriormente mencionadas con el Estado territorial. Anderson creó su teoría de las comunidades imaginadas pensando que "la nación se imagina *limitada* porque incluso la mayor de ellas, que alberga tal vez a mil millones de seres humanos vivos, tiene fronteras finitas, aunque elásticas, más allá de las cuales se encuentran otras naciones. Ninguna nación se imagina con las dimensiones de la humanidad[25]". Aun así, este tipo de delimitación, solo puede tener sentido si se lo observa desde el punto de vista cívico, no así desde el punto de

---

región, fruto tanto de la fallida "primavera árabe" que comenzó en el 2010, y las subsecuentes intervenciones de potencias occidentales. Países que antaño se vanagloriaban de su cosmopolitismo, actualmente tienen serios problemas para contener su propia xenofobia.

[25] Benedict Anderson, *op. cit.*, p.24-25.

vista lingüístico, étnico o de cualquier otro tipo. Esto se debe al hecho de que las culturas, las lenguas y las religiones *sobrepasan* las barreras de cualquier Estado territorial y de ahí que, el nacionalismo, como ideología, haya sido descrito como una "teoría de la legitimidad política"[26]. Para dar un ejemplo un poco más acorde al contexto sudamericano, no importa que tan semejantes sean culturalmente los miembros de la etnia quechua tanto en Bolivia como el Perú; mientras estos Estados estén delimitados territorialmente y tengan diferentes dinámicas políticas internas, un quechua peruano jamás podrá candidatear para presidente del vecino país; simplemente no sería aceptado como un congénere más.

Volviendo al tema, y como ya dije, esto no significa en forma alguna que, debido a la aparición del Estado nacional, se borren los conflictos de clase. Pero hay que coincidir con Borojov cuando da a entender que el logro de la ideología nacionalista es precisamente atenuar las diferencias entre las distintas clases. Ni la burguesía ni el proletariado alguna vez se pondrán de acuerdo sobre cuál es el mejor camino para el proyecto nacional, sin embargo, ambas están bastante interesadas en que el proyecto nacional funcione, puesto que ven en su realización la mejor forma de alcanzar sus propios intereses[27]. Pero lo que atañe aquí, es resaltar el hecho de que la principal característica de la ideología nacionalista es la de permear en las diferentes capas de la sociedad, de homogeneizarla en cuanto a derechos y obligaciones compartidas. Esto es debido a que ambas cosas se sienten como conceptos apolíticos; algo que no se está dispuesto a poner en entredicho al igual que los "significados flotantes" a los que se refería Zizek. Para resumir, en cierta forma se puede considerar al nacionalismo como una *convergencia de intereses de clases*. Debido a esta convergencia, las diferencias de clase se atenúan y eso permite que exista que haya *congruencia* entre los gobernantes y los gobernados, en el sentido de que uno solo puede

---

[26] Ernest Gellner, *op. cit.*, p. 14.

[27] Para una mejor comprensión de este tema, leer el artículo "los intereses de clase y la cuestión nacional" en la obra ya citada de Borojov.

aceptar a un gobernante, en cuanto este sea de la propia nación y nunca de una ajena. Por eso la nación no puede ser algo que clama provenir de un pasado inmemorial, aunque siempre trate de utilizar dicho argumento para legitimarse. La nación, como cualquier otro tipo de comunidad, es lo que Zigmund Bauman llegó a definir como "postulación":

> En tanto necesitan ser defendidas para sobrevivir, y necesitan apelar a sus propios miembros para garantizar su supervivencia mediante las elecciones individuales y la responsabilidad individual de esa supervivencia, todas las comunidades son una *postulación*, un proyecto y no una realidad, algo que viene *después* y no *antes* de la elección individual. La comunidad "tal como se la ve en las pinturas comunitarias" sería suficientemente tangible para ser invisible y soportar el silencio, pero en ese caso los comunitaristas no podrían pintarla, y menos aún exhibirla[28]".

En conclusión, la homogeneidad cultural y el fenómeno del nacionalismo son conceptos íntimamente ligados. De todas maneras, y por lo expuesto, considero que para que una nación pueda definirse como tal necesita de la existencia de un Estado moderno.

¿Qué es lo que se entiende por moderno en este estudio? Siguiendo los planteamientos propuestos por Pierre Vilar en su libro *Iniciación al vocabulario del análisis histórico*, considero que la modernidad es aquel periodo en el que "triunfa el capitalismo industrial[29]". Debido a esto, es un período en la que las estratificaciones sociales rígidas ya no son requeridas y en cambio, se prioriza cierto tipo de igualitarismo social.

En cambio, en una sociedad pre-moderna, el igualitarismo social no es posible cómo se verá más adelante. Es más, cuando nos referimos a estas

---

[28] Zygmunt Bauman, *op. cit.*, p. 180. Bauman se refiere en este párrafo a las comunidades en general, aunque en este análisis, lo extendemos también hacia el concepto de nación.

[29] Pierre Vilar, Iniciación al vocabulario del análisis histórico, Editorial Crítica, Barcelona, 1980, p. 161.

culturas con el término "nación", en realidad no estamos haciendo más que apropiarnos de un término que en muchas ocasiones puede llegar a ser demasiado laxo. Tal vez lo más correcto sería, cuando nos referirnos a estos contingentes humanos, de hablar de culturas o de sociedades, pero solamente se puede hablar de naciones, en un sentido estricto, cuando estas agrupaciones reflejan su propia existencia con la del Estado moderno.

Al decir esto, no pretendo disminuir o subestimar a las culturas pre-estatales. Sin embargo, esto no quita el hecho de que las culturas solo toman un tipo de conciencia nacional cuando se identifican o se contrastan con un Estado. Dicho de otro modo, si los Estados modernos no existiesen, ¿las culturas que carecen de un Estado similar serían capaces de crear sentimientos nacionalistas en base a la etnicidad? No lo creo así. El simple hecho de que esta conciencia étnica solamente aparezca con la existencia de un Estado moderno, que las estima o las explota, es un indicativo bastante sugerente. Es por esto que el fenómeno del nacionalismo generalmente parece ser propulsado por una clase elitista, asentada en una posición de poder, o sea, desde el Estado. Esto no quita el hecho de que los estratos más bajos pueden llegar a interpretar el concepto de nación *a su propia manera*. Pero para ello, esto solo parece ser posible gracias al fenómeno de la homogeneidad cultural, que trae aparejada para los individuos tanto derechos como obligaciones y, por tanto, es un equivalente al civismo.

2

EL HECHO COLONIAL

Una vez establecido lo que se puede considerar o no una nación, a partir de aquí conviene resaltar un hecho fundamental en lo que respecta a la teoría de la homogenización: la mayoría de los teóricos a los que me he referido, estudiaron este concepto desde un punto de vista europeo. Con ello, no digo que necesariamente tenga que ser una posición eurocéntrica, sino que muchos de estos autores, al teorizar sobre la nación, trataron hacerlo para describir a las sociedades en las que estaban inmersos. Evidentemente, aquí y allá, utilizaron ejemplos de otras naciones no europeas e incluso no occidentales para reforzar sus puntos de vista. Incluso en algunos casos pueden sugerir que los mismos movimientos nacionalistas europeos fueron inspirados por sucesos ajenos al viejo continente, pero, en todo caso, estaban conscientes de que las condiciones históricas en las que estaban sumergidos sus países eran diferentes a las del resto del mundo. Prueba de ello es que la mayoría de estos autores a los que me referí antes, ponen como condición necesaria para crear a la nación, una base industrial o a la llegada de la modernidad.

Pero entonces, al tratar de implementar dichas teorías en países como los Latinoamericanos surge un problema: obviamente éstos, al momento de independizarse, y pese a que para entonces el capitalismo ya se estaba constituyendo como una fuerza universal, no contaban con una base industrial, así que no se les puede considerar modernos según el requerimiento de un capitalismo industrial para la llegada de esta[1]. Porque

---

[1] A los sumo, y siguiendo a Ciro F. Cardoso, se puede considerar que América Latina estaba integrado dentro de este sistema mundial, pero su modelo de producción no era el capitalista

la modernidad, al menos entendida en términos cívicos, es aquella que prioriza el igualitarismo social[2]. En cambio, considero que Bolivia no era moderna justamente porque se había conformado bajo la lógica de la continuidad de los viejos sistemas coloniales que se había heredado de los españoles. Es decir, era un tipo de sociedad que hacía hincapié en una rígida estratificación social (como era el caso de las castas sociales), basadas en la etnicidad. Y sin embargo, desde el momento de la fundación de la misma república, se persiguió la idea de la modernidad con obsesión casi febril, así que uno no puede llegar a preguntarse, ¿era posible un pensamiento "verdaderamente moderno" entre aquellas élites criollas en el poder, o solamente se trataba de una retórica falsa y hueca dentro de estas sociedades "postcoloniales"?

Para entender por qué los países Hispanoamericanos tardaron tanto en abrazar a la modernidad, también es necesario entender la tradición burocrática que nos legaron, en un principio, los españoles. Todo esto, claro, con el fin de comprender como operaba la mentalidad criolla durante la etapa del Imperio y el cómo siguió vigente incluso mucho después de conformadas las nuevas repúblicas. En realidad, cuando se habla del Imperio colonial español, se dan por hecho algunas de sus motivaciones. Así, Tulio Halperin en su *Historia contemporánea de América Latina*, lo describió como "ese sistema colonial tan capaz de sobrevivir a sus debilidades tenía [...] el fin principal de obtener la mayor cantidad posible de metálico con el menor desembolso de recursos metropolitanos.[3]" Pero claro, debido a que tendemos a concentrarnos en el afán de lucro español, se puede llegar a olvidar fácilmente que, para cumplir con este objetivo que parece

---

como en el caso de la vieja Europa o los Estados Unidos, sino más bien que contribuía al capitalismo con un "Modo de producción subsidiario o colonial". Ver *in extenso* su artículo, "Sobre los modos de producción coloniales de América" en, *Modos de producción en América Latina*, Cuadernos del pasado y presente N° 40, 1978.

[2] De esto hablaré más extensamente en el capítulo 3.

[3] Tulio Donghi Halperin, *Historia contemporánea de América Latina*, Alianza editorial, Madrid, 1977, p. 12.

tan simple, era necesario un constante control fiscal y administrativo por parte de la Corona y que este, a la larga, moldearía el pensamiento de los diferentes grupos que conformaban la sociedad colonial.

¿Pero por qué era necesario tanto control por parte de la metrópoli? En realidad, este respondía a una doble función: no solo era necesario para asegurarse el control de las nuevas tierras recién incorporadas y de sus habitantes originarios, sino que también era necesario para asegurarse la lealtad de sus propios compatriotas españoles migrados a las Américas. Para ello, se conformaría un tipo de Estado que hasta ese momento no había existido en el Nuevo mundo: el Estado burocrático. Aquellos que manejaban este nuevo tipo de Estado, no eran otros sino funcionarios absolutistas enviados desde la metrópolis para que vigilasen sus intereses. A este funcionario, se le ha denominado de varias formas dependiendo del autor: Ángel Rama, al escribir sobre el rol del urbanismo en los espacios coloniales, los calificó simplemente de *letrados*; por su parte H. C. F. Mansilla, al hablar sobre el concepto de patrimonialismo en las sociedades hispanoamericanas, los calificó como una *élite del poder*; por su parte, Gellner consideraba que todo aquel grupo que se mantenía en el poder gracias al manejo de la burocracia estatal, especialmente en etapas tempranas, conformaban lo que él denominó como una *clerecía*[4]. Sea cual sea la expresión que se prefiera, todos estos términos tienen un rasgo en común: hacen referencia a un pequeño grupo dominante que mantiene su poder y su privilegio gracias a que monopolizan la lengua escrita. Su valor no puede ser subestimado, sobre todo en las Américas, ya que originó una revolución en los ámbitos legales, fiscales y administrativos en el nuevo

---

[4] La concepción de clerecía de Gellner, está directamente inspirada y de forma manifiesta en la sociología de Thornstein Veblen. Sin embargo, existe una notable diferencia: para Veblen, "en el proceso de la evolución cultural, la aparición de una clase ociosa coincide con el comienzo de la propiedad", en Thorstein Veblen, *Teoría de la clase ociosa*, FCE, México D. F., 1971, p. 30. En cambio, en la América de la dominación española este no parece ser el caso, ya que el concepto de "propiedad", tal y como lo conocemos hoy, no estaba desarrollado aún.

mundo gracias a este nuevo monopolio[5]. No por nada Ángel Rama decía que:

> Esta palabra escrita viviría en América Latina como única valedera, en oposición a la palabra hablada que pertenecía al reino de lo inseguro y lo precario. La escritura poseía rigidez y permanencia, un modo autónomo que remedaba la eternidad. Estaba libre de las vicisitudes y metamorfosis de la historia pero, sobre todo, consolidaba el orden por su capacidad para expresarlo rigurosamente en el nivel cultural.[6]

Fue precisamente la palabra escrita la primera gran diferenciación cultural que los españoles explotaron en su provecho, incluso más que características fenotípicas especiales como el color de la piel. La lengua no solamente *crea* una barrera entre aquellos que hablan la nueva lengua "oficial" y los que están limitados a sus lenguas vernáculas, sino que al mismo tiempo, el monopolio del lenguaje escrito permitió las condiciones para que únicamente los españoles puedieran manejar el aparato estatal. Por lo cual, al menos en términos legales, fiscales y administrativos, el español era indudablemente la lengua dominante. En teoría, y gracias a la escritura, los españoles podían administrar su imperio sin muchos problemas, puesto que incluso la menor de las instrucciones en este aparato podía ser cumplida al pie de la letra en cualquiera de sus regiones y por cualquier funcionario, ya fuera para la recaudación de los tributos, fuera para el mantenimiento del orden. Por supuesto, no es que los españoles tuviesen que batallar mucho para mantener este monopolio; la educación, por lo general se trata de una empresa larga y costosa que no es posible en sociedades pre-modernas. Las ideas liberales sobre sistemas educativos

---

[5] Por supuesto, aquí parto de la concepción de Gellner de que básicamente existieron, a través de la historia, tres tipos de Estado: el Estado agrario no alfabetizado, el Estado agrario alfabetizado y finalmente el Estado industrial. De alguna manera se puede considerar la llegada del aparato burocrático español, como la incorporación del segundo tipo de Estado en las Américas.

[6] Ángel Rama, *La ciudad letrada*, Arca, Montevideo, 1998, p. 22.

a gran escala son algo relativamente moderno; solo una élite privilegiada podía acceder a la palabra escrita durante la época colonial.

Sin embargo, para cualquier absolutismo ningún tipo de control es suficiente. Frente a la aparición de grupos de poder regionales, la Corona empezó a ver de manera más suspicaz a los criollos, cuyo poder e influencia en las regiones en las que estos estaban aposentados, intranquilizaba a la metrópoli. Por tanto, la existencia misma de estos grupos de poder en Hispanoamérica, empezó a verse como una amenaza al poder central. Sumado a esto, hay que considerar las inmensas distancias que tenían que enfrentar la Corona para mantener su Imperio. Es aquí donde realmente cobra importancia la figura del funcionario absolutista: este siempre tenía que ser un español peninsular puesto que así, al llegar a las Américas, este no podía formar, tan fácilmente, algún tipo de relación clientelar con las élites locales. Así pues, como bien lo explica Masur:

> La monarquía absoluta no aprobó la relativa independencia de estos territorios, una independencia que fue mayor que la obtenida por las posesiones españolas en Europa. La expansión, la distancia y la falta de comunicaciones regulares aflojaron, más que en Europa, las riendas del gobierno, y en consecuencia adquirió la mayor importancia delegar la autoridad en hombres dignos de confianza y competentes. Fue axiomático que los puestos dignos de confianza fuesen cubiertos exclusivamente por españoles nativos. Este carácter muy penetrante de la administración española representa, si lo examinamos hoy, una de las glorias de su control colonial, y se convirtió en el fundamento de la cultura iberoamericana.

Esto solo demuestra que la diferenciación cultural también podía ser un hecho mucho más sutil. Como menciona Sinclair Thompson, "el término 'español' evocaba una identidad social vaga e indefinida y una categoría jurídica amplia en Latinoamérica colonial. En principio, el término expresaba una identidad compartida entre los europeos nacidos en la península ibérica y los criollos americanos[7]". Por tanto, lo que los peninsulares necesitaron a partir de aquí era buscar formas más originales para "distanciarse" culturalmente de sus contrapartes americanas. No era suficiente con apartarlos del poder, después de todo, estos últimos seguían siendo una clase pudiente y letrada, además del hecho de que no se los podía distinguir por características fenotípicas especiales como a los indígenas.

De ahí que los españoles pusieran tanto esfuerzo en resaltar el hecho de una supuesta superioridad innata basada en el lugar del nacimiento. Puesto que toda comunidad dinástica está imbuida en un halo de divinidad, el rey es siempre una representación de lo divino e incuestionable, por tanto, los personeros del rey estaban en una posición jerárquica privilegiada a los ojos del resto de la sociedad. El nacimiento, por tanto, era literalmente una fatalidad: si para los peninsulares era sinónimo del más alto estatus, para los criollos era un recordatorio constante de su papel subordinado dentro de la sociedad colonial. Hay que recordar que el haber nacido como criollo

---

[7] Sinclair Thompson, "¿Hubo raza en Latinoamérica colonial? Percepciones indígenas de la identidad colectiva en los Andes insurgentes" en, *Formaciones de Indianidad. Articulaciones raciales, mestizaje y nación en América Latina*, edit. Envión, 2007, p.63. Ahora bien, algún espíritu despierto podría argüir que un criollo o un mestizo los suficientemente blanco, simplemente podría cambiarse de atuendos y perfectamente pasar por un peninsular. ¿Esto podría entenderse como que la diferenciación cultural podía llegar a ser algo flexible? Sí y no. Como bien explica Tamar Herzog, lo que ocurre es que la diferencia entre "naturales" españoles y "extranjeros", podía llegar a ser algo complejo de analizar. En muchos casos, la pregunta sobre quien era quien no importaba en la vida cotidiana. En otros casos, esta cuestión solo era relevante si alguien ganaba algo haciendo dichas preguntas, como lo demuestran los juicios de Bartolomé Guillén (proveniente de Villa de San Clemente en Cuenca) y de Ventura Mariño Barrieros y Figueroa (nacido en Villa de Cangas en Galicia). Herzog, en su análisis, demostró que, en ambos casos, se les negó su condición de naturales (y posteriormente fueron exiliados al Perú), solo por el hecho de que tenían competidores comerciantes que querían sacarlos de la ecuación. Se llegó a los extremos de dudar de su hispanidad argumentando que el primero tenía una caligrafía afrancesada y el segundo, que tenía un apellido portugués. Todo esto también se podía extender a otros grupos como los indígenas y los criollos. Se podía abogar, siempre que hubiese un interés concreto por parte de una parte, que algunos de estos grupos subordinados no eran "naturales" o españoles con el fin de discriminarlos. Es ahí donde realmente se hacía sentir todo el peso de la diferenciación cultural en el Imperio español. En Tamar Herzog, "Naturales y extranjeros: sobre la construcción de categorías en el mundo hispánico", *Cuadernos de historia moderna*, X, 2011.

o como peninsular constituía una gran diferencia en el mundo colonial ya que esto constituía una especie de predestinación, el primero tenía que subordinarse automáticamente al segundo. Por eso es que, para resaltar esa condición social, los ibéricos en muchos casos hacían gala de la pompa y la suntuosidad; esta era una representación simbólica de su estatus. De esta manera es que se debe leer, por ejemplo, la descripción que hace Charles W. Arnade en su libro, *La dramática insurgencia de Bolivia*, sobre los *oidores* del rey en la Audiencia de Charcas (actual Bolivia). Según él, estos:

> aplicaron en particular estrictez de la etiqueta al punto del absurdo. No saludaban a nadie, pero demandaban que todos los saludasen respetuosamente; cuando caminaban por la calle, los otros habitantes tenían que descender de la acera. Hasta apoyaron, una vez mediante decisión judicial, a cierto ciudadano quien rehusó dirigirse a un intendente por el título aceptado de *Señoría*.[8]

Pero donde Arnade solo podía apreciar un tipo de "engreimiento" entre los peninsulares españoles, lo cierto es que este tipo de tendencia a diferenciarse culturalmente tenía implicaciones más significativas. La más importante de ellas era representar simbólicamente la mayor jerarquía social de la que gozaban los ibéricos. Puesto que los peninsulares gozaban de un estatus más alto que la de sus congéneres nacidos en las Américas, era una forma de demostrar públicamente que solo ellos tenían el estatus necesario para representar los altos cargos del Imperio. Si se quiere, esto también se puede leer de manera inversa: era una forma de imposibilitar a los criollos, o al menos de restringirlos, en su acceso a los altos puestos administrativos o incluso a posiciones de poder. Es por esto, que los cargos más altos de la administración colonial, con poquísimas excepciones, serían ocupados, en su mayoría, por españoles peninsulares.

---

[8]   Charles W. Arnade, *La dramática insurgencia de Bolivia*, Juventud, La Paz, 1964 p.12

Pese a todo, los criollos seguían siendo una clase económicamente pudiente y letrada. De hecho, los criollos pudieron conservar gran parte de su influencia, sobre todo regional, gracias a sus propias redes familiares y clientelares, lo que en cierta manera constituía de por sí, un cierto tipo de equilibrio en el hecho colonial: aunque los funcionarios fueron enviados al nuevo mundo para vigilar, eran al mismo tiempo vigilados por un estamento que guardaba para sí sus propios intereses bien definidos. "El tenso equilibrio entre el funcionario peninsular y el magnate criollo era así una expresión de la antigua política de *divide et impera* en un nuevo contexto.[9]" Con esta frase, Anderson sintetiza una de las características principales del absolutismo español, al menos en lo referente a sus posesiones ultramarinas: la idea de que para que una clase pueda conservar el poder, estos se deben diferenciar culturalmente de aquellos que no la poseen, es decir, lo que se intenta hacer, es resaltar el propio estatus social en base a las diferencias existentes entre dichos grupos, ya sean estas reales o no. De hecho, según Gellner:

> En cuanto favorece los intereses de los privilegiados y de los detentadores del poder, establecer divisiones culturales horizontales no solo es tentador; también es algo hacedero, y realmente fácil. La relativa estabilidad de las sociedades agrarias alfabetizadas posibilita la implantación y mantenimiento de rígidas divisiones de población en estamentos, castas o *milleis* sin que se creen fricciones intolerables. Es más, que las desigualdades se exterioricen, perfeccionen y sancionen las fortalece y las hace aceptables, dotándolas de un halo de fatalidad, eternidad y naturalidad. Lo que se inscribe en la naturaleza de las cosas y es perenne no es, precisamente por ello, ofensivo para la persona, para el individuo, ni psíquicamente intolerable[10].

---

9   Benedict Anderson, *op. cit.*, p. 93.

10   Ernest Gellner, *op. cit.*, p. 25-26.

La diferenciación cultural por tanto, aunque es una forma de reforzar las jerarquías sociales existentes, no necesariamente tiene que reducirse a una cuestión étnica. Lo que el colonialismo en realidad pretende, más que expandir la propia cultura, es imponer la propia cultura de manera jerárquica y así, legitimarse como mediador más que como dominador y para ello, es posible que el Estado colonial depende que toda la sociedad este altamente corporativizada. ¿Pero cómo? Para entender esto hay que creer, junto con Howard Wiarda, que en casi todas las sociedades ha habido ciertas cuotas de tendencias corporativistas. Siempre existieron –y posiblemente existirán– sectores de la sociedad que consideran que merecen privilegios y derechos especiales, pero privilegios y derechos especiales *en relación al Estado, no fuera de él*. Así, el corporativismo se definiría como "interest groups that are part of the State, usually existing in some form of contractually define relation to the state, rather than complete Independence from it as a liberal-pluralism. Whenever we see government control, structuring, or licensing of interest groups, we said, we are likely to find corporatism present.[11]"

Se crea así un equilibrio entre los diferentes sectores corporativizados y el Estado, que funge como mediador. Este asume este rol porque es el único poder reconocido y porque pretende asumir un papel neutro entre los intereses de los diferentes grupos, reconociendo sus derechos cuando le conviene y atacándolos cuando no. El rol del Estado durante la etapa colonial, más que una entidad *reguladora* en la sociedad, es una entidad *mediadora* entre los diferentes grupos. Casi parece contradictorio que una monarquía absoluta no haga aquello que se supone que debe ser: ser un poder absoluto, pero como ya se mencionó antes, las enormes distancias

---

[11] [Grupos de intereses que son parte del Estado, por lo general existiendo en alguna forma de relación definida contractualmente con el Estado, en lugar de una completa independencia de ella como el pluralismo liberal. Siempre que vemos control gubernamental, la estructuración o la concesión de licencias a grupos de interés, diremos que es probable que se encuentre presente el corporativismo]. Howard Wiarda, *Corporatism and Compare Politics: The Other Great "Ism"*, M. E. Sharp, Londres, 1997, p. 15. La traducción es mía.

que debía enfrentar la Corona para controlar su imperio y su vastedad, impidieron que se formara un verdadero absolutismo en suelo americano. En este sentido, convenía más tratar de mantener la estabilidad social que el completo control político.

Con esto no quiero decir que fueran los españoles los que inventaran las prácticas corporativistas. De hecho, ejemplos de dichas instituciones que llegaron a América son fáciles de clasificar: los cuerpos militares, las diferentes órdenes religiosas de la Iglesia católica y por último, pero no por ello menos importante, los mismos *letrados*. Siendo este último el estrato más importante en el nuevo mundo, eran ellos los que tenía la última palabra en asuntos oficiales. Sin embargo, para consolidar su poder, no podían permitir que nadie más pudiese ejercer dichas atribuciones; tenían que monopolizarlas, incluso si esto iba en detrimento de los intereses de otros grupos. Según Ángel Rama, en un inicio la misma Corona española utilizaba a componentes del clero para que estos ayuden a la administración del Estado colonial, pero para el siglo XVIII se empezaron a utilizar a componentes civiles con la intención de disminuir el poder de la Iglesia Católica y de sus órdenes religiosas en las Américas[12]. No es que esta clerecía quisiera acaparar el poder de forma absoluta; de hecho considero que estaban bien conscientes de que una empresa así era imposible tan solo considerando el factor geográfico. Más bien pienso que lo que deseaban era mantener su rol mediador, al mismo tiempo que los intereses corporativos mantenían efectivamente separados a todos los grupos, lo cual impedía que hubiese algún tipo de sentimiento secesionista por ejemplo. Con esto no quiero decir que no hubiera ocasionalmente algunas irrupciones abruptas de violencia, como las sublevaciones indígenas, pero en todo caso, siempre era más fácil para la Corona el tratar a un segmento de la población por separado que tener que lidiar con una sublevación general.

---

[12] Ángel Rama, *op. cit.*, p. 31. Según él, esta superposición concluiría con la expulsión de los jesuitas en 1767 por órdenes de Carlos III.

Aun así, por lo expuesto, uno pensaría que estos intereses de grupo son más fáciles de percibir cuando recaen en una clase dominante, pero lo interesante es que una buena parte de los historiadores que estudiaron la relación entre la Corona y los indígenas, suelen darle intereses corporativos más obvios a estos últimos. Fue Tristan Platt, al estudiar a las comunidades indígenas en el Alto Perú (actual Bolivia) llamadas también *ayllus*, el primero que expuso esta relación, a la que consideró un *pacto* entre la Corona y las comunidades indígenas[13]. Este *pacto de reciprocidad con el Estado*, como él lo llamó, significaba que las comunidades o ayllus podían conservar su relativa autonomía a cambio del pago de tributos.

Sin embargo, me parece que para entender esta concepción, no se debe considerar a los españoles como un mismo *corpus* social. Si se considera el pacto como una relación netamente vertical entre dominadores y dominados, el pacto no tiene sentido; si esto hubiese sido así, los primeros podrían haber impuesto su voluntad a los segundos por la mera fuerza. Más bien pienso que el hecho colonial no debe entenderse como un tipo de poder absolutista, sino como una compleja red de alianzas que permitían que la sociedad permaneciese en balance; un sistema donde los varios intereses de los diferentes grupos mantienen un equilibrio gracias a la intermediación del Estado. Era exhortando el nombre del rey –y por tanto, a los representantes de este–, a quienes los indígenas recurrían cuando consideraban que sus intereses estaban en peligro y no a los criollos, a quienes miraban con más desconfianza y recelo que a los primeros. No es que la relación fuera armónica, pero los indígenas siempre podían utilizar estos intereses para negociar, no contra el poder central, sino contra otros grupos con intereses similares, como las clases terratenientes. Si se simplifica el hecho colonial a una dicotomía entre españoles e indios, se corre el

---

[13] "La esencia de este pacto constituía en la obligación del Estado no solo de reconocer los derechos colectivos de los *ayllus* a sus tierras, sino también de aceptar como contraparte los servicios tradicionales y la tasa, antiguo tributo indígena pagado por los indios", en Tristan Platt, *Estado boliviano y ayllu andino. Tierra y tributo en el norte de potosí*, IEP, Lima, 1982, p. 20.

riesgo de pasar por alto el cómo funcionaban las relaciones corporativas *entre* los mismos españoles[14] y por tanto, el mismo hecho colonial se diluye al tratar de interpretarlo.

Pero el punto en el que me quiero concentrar en este acápite, corresponde principalmente a la pugna por la tenencia de la tierra entre criollos e indígenas. Siendo que a los peninsulares no les convenía que los criollos acumulasen demasiado poder, es fácil poder vislumbrar del por qué a los funcionarios absolutistas les interesaba la existencia de la autonomía indígena: esta iba en directa oposición de los intereses de los criollos que deseaban expandir el latifundio. De alguna manera, la existencia de los *ayllus*, en gran medida era un dique de contención para los intereses criollos en el nuevo mundo[15]. Por tanto, al distanciarse de esta pelea, lo que los peninsulares pretendían era legitimar su poder como grupo intermediador entre ambos sectores. Después de todo, los funcionarios tenían que justificar su existencia como grupo de alguna forma, ya que la sola presentación de estos como representantes del poder monárquico no habría bastado.

Pero entonces, aquí cabe la siguiente pregunta, ¿qué ventajas o beneficios sacaban los criollos al aceptar este pacto? Aunque vetados de los más altos puestos administrativos, el criollo aun podía cumplir la función de un burócrata medio. Rama estaba en lo correcto cuando consideraba que en las ciudades españolas se concentraba el poder imperial, pero no considero correcto poner a todos los funcionarios de la misma ciudad dentro del mismo rango. Solo los funcionarios absolutistas eran los representantes del rey pero estos solo podían conformar la minoría de una minoría. Así, mientras solo podía haber *un* virrey por cada virreinato o *un* presidente de Audiencia, debajo de estos operaban una buhardilla de burócratas de

---

[14] Por ejemplo, la pugna que existía entre la Corona y la Iglesia católica, también podría interpretarse como una lucha por evitar que los segundos acapararan demasiada tierra.

[15] Por supuesto, a este respecto también se podrían considerar los intereses del clero, que en aquella época constituían los mayores y más poderosos terratenientes.

medio y bajo rango cuyo origen era criollo, y cuyo principal empleador no era otro que el Estado. No necesariamente todos los criollos eran ricos hacendados o poderosos mineros y, siendo así, una opción siempre presente para estos era unirse al clero o servir en el ejército entre los rangos medios. Pero como no todas las personas tienen predisposición para este tipo de carreras, una gran parte de ellos se contentaban con proseguir una carrera burocrática. Por supuesto, los puestos más codiciados serían aquellos directamente ligados al aparato administrativo o en las universidades, pero incluso los criollos que no habían tenido tanta suerte, podían beneficiarse indirectamente fungiendo, principalmente, como abogados y *tinterillos* para el resto de una sociedad iletrada. Pensando en todo esto, seguramente fue que Mansilla mencionó que:

> La élite privilegiada, que debe su *status* excepcional al servicio leal que presta al soberano, no dispone de derechos de propiedad, sino de oportunidades de usufructo, que pueden ser canceladas por el Estado en cualquier momento. A ello deben atribuirse la base precaria sobre la cual se asienta este estrato *meritocrático*, su falta de aptitudes innovativas y su carencia de un espíritu independiente[16].

Aunque se dice coloquialmente que ningún Imperio es para siempre, en teoría –y enfatizo "en teoría"–, de haber seguido en pie este frágil equilibrio, nada hubiese impedido que el pacto colonial durase indefinidamente ¿Por qué, entonces, surgieron los movimientos independentistas llegándose incluso a reivindicar como *nacionales*? Anderson al plantearse este respecto menciona que:

> Los dos factores más comúnmente aducidos en la explicación son el fortalecimiento del control de Madrid y la difusión de las ideas liberalizadores de la ilustración en la segunda mitad del siglo XVIII. No hay duda de que las políticas aplicadas por el competente

---

[16] H. C. F. Mancilla, "Neopatrimonialismo, élite de poder y expansión de la burocracia" en, *Política y Sociedad N° 8*, 1991, p. 113-114.

"déspota ilustrado" Carlos III (reinó de 1759 a 1788) frustraron, irritaron y alarmaron cada vez más a las clases altas criollas.[17]

Para Anderson, esta frustración, se manifestaría posteriormente en la idea de mantener el propio paralelismo de la sociedad criolla en contraposición de la metrópoli; es decir, lo que los criollos deseaban, según él, era modificar la estructura interna del poder para poder así transferir la metrópoli a América. Por tanto, esto solo tendría lógica si consideramos que los criollos estaban interesados en el hecho independentista tan solo para reproducir el sistema colonial en sus propias unidades administrativas (virreinatos, audiencias, capitanías generales) pero en pequeño. No es descabellado el pensar que lo que querían los criollos, era simplemente suplantar al grupo letrado peninsular por uno vernáculo, después de todo, una gran parte de los criollos ya vivían directa o indirectamente del Estado. Rama al respecto nos dice que:

> Contrariamente a la leyenda construida por los resentidos criollos novohispanos de que se les negaba acceso a las riquezas a las que se estimaban con derechos, la absorción de buena parte de la riqueza americana por el sector dirigente, del cual participaban aunque en situación marginal esos mismos criollos, permitió condiciones de vida superior a las de la metrópoli. De ellas no solo disfrutaron los ricos hacendados o comerciantes sino así mismo el grupo letrado[18].

Pero por más burocrático que sea un Estado, tiene que existir un límite de los agentes que se puede permitir contratar, ya sea de manera directa o indirecta. Porque no solo existió el problema del crecimiento demográfico natural entre los criollos, sino que también es posible que exista una correlación entre los momentos de bonanza económica o de crisis, y la capacidad empleadora del Estado. Después de todo, y como bien señalaba René Zavaleta Mercado en sus *Consideraciones generales sobre la historia de*

---

[17]   Benedict Anderson, *op. cit.*, p. 81.

[18]   Ángel Rama, *op. cit.*, p. 33.

Bolivia que este, "como país mismo es el resultado de dos hechos: de la crisis del azogue, que era resultado del bloqueo inglés de Bonaparte, y de la feroz guerra de las republiquetas o facciones (las guerrillas, que abarcaron todo el país), que duró quince años, entre 1809 y 1824."[19]

De lo anteriormente dicho, se puede plantear una hipótesis tentativa: que la misma crisis minera pudo haber propiciado que los criollos empezaran a buscar, "en masa", alternativas para contar con un verdadero patrimonio, desligándose así, de la profunda dependencia a la Corona a la que estaban expuestos. Esta alternativa, a largo plazo, solamente podía ser la apropiación de la tierra por los criollos, expoliándola de los indígenas, cosa que no era tarea sencilla. Para ello, los criollos debían vencer una doble oposición: primeramente la de los funcionarios peninsulares, que deseaban que las tierras comunales permanecieran intactas y por otro, la de los mismos indígenas, que consideraban a la tierra no solo el lugar donde vivían y trabajaban, sino que también la única baza que disponían para poder negociar como grupo. De hecho ya entrando a la etapa de los procesos independentistas y según María Luisa Soux:

> Si hacemos un seguimiento de la participación indígena podemos establecer que si las condiciones eran favorables, los indígenas podían organizarse de forma autónoma para llevar a cabo sublevaciones indígenas generales, como la de 1811, movimientos que no buscaban romper el pacto en sí, sino modificarlo o renegociarlo con ventajas; pero si conscientemente veían que no tenían buenas opciones de triunfo, se replegaban a sus comunidades buscando cumplir lo estrictamente necesario con la corona o las exigencias del ejercito virreinal, en una estrategia de cautela, esperando a ver hacia qué lado se inclinaba la balanza.[20]

---

[19] René Zavaleta Mercado, "Consideraciones generales sobre la historia de Bolivia (1923-1971), en *Obra Completa, Tomo II: Ensayos 1975-1984*, Plural, La Paz, 2013, p. 39.

[20] María Luisa Soux, "Tributo, constitución y renegociación del pacto colonial. El caso altoperuano durante el proceso de independencia (1808-1826)" en, *Relaciones. Estudios de*

Por supuesto todo esto terminó con la declaración de independencia del 6 de agosto de 1825. Una vez abolido el poder imperial y, por tanto, los funcionarios absolutistas, surge un desequilibrio en el pacto colonial. Es decir, con la llegada de los criollos al poder, deja de existir esa figura mediadora, representada por el funcionario peninsular, que velaba por los intereses indígenas y criollos. Obviamente, estos funcionarios velaban por ambos intereses de manera interesada, pero no hay duda que su intervención era vital para mantener ese precario equilibrio de fuerzas. Con el advenimiento de la república, en cambio, el pacto de reciprocidad paulatinamente dejó de tener sentido puesto que no había un balance entre los diferentes poderes. En otras palabras, con la llegada de la independencia, el pacto ya no tenía ningún tipo de relevancia, al menos desde el punto de vista de los criollos.

Aunque con el advenimiento de la república se quiso, en un principio, abolir el tributo indígena, pronto estos se dieron cuenta que no podían desembarazarse de él tan pronto como hubiesen deseado. Entre la costosa guerra de independencia y la crisis de la minería, el tributo indigenal perfilaba como la única fuente de financiamiento para el nuevo Estado republicano. Prueba de ello es que cuando el mismo Libertador Simón Bolívar, trató de implementar las primeras medidas verdaderamente liberales en el nuevo país, con los decretos de Trujillo (8 de abril de 1824) y Cuzco (4 de julio de 1825) que pretendían convertir la propiedad comunitaria de la tierra en propiedad privada, pronto se dio cuenta que estas medidas no podían ser implementadas de manera inmediata. "Como la repartición significa riesgos demasiado grandes para los ingresos del Estado –sintetiza Wolf Gruner acertadamente– y contenía un detonante político social demasiado fuerte, ya en 1826 fue

---

54

nuevamente derogada. El cambio de orientación en la cuestión de la tierra se llevó a cabo paralelamente a la restauración del tributo colonial[21]".

De esta manera, el régimen colonial sobrevivió a la propia colonia[22]. La llegada de Antonio José de Sucre al poder en 1826 tampoco pudo cambiar mucho las cosas. Él también estuvo interesado en propugnar principios liberales que buscaban una mayor igualdad entre las personas ya que, como bien lo resume Pilar Mendieta, "este pensamiento liberal proponía la idea de que el individuo iba a reemplazar a los cuerpos y estamentos coloniales. De esta forma, el principio de igualdad iba a sustituir al de una jerarquía no igualitaria[23]". Sin embargo, si se considera que dichas jerarquías sociales seguían plenamente vigentes, desde ese punto de vista se puede considerar al proyecto liberal de los primeros años republicanos como un fracaso. Por otra parte, tampoco se puede decir que se hayan logrado grandes avances en cuestión de política; esta se basaba principalmente en redes clientelares y de compadrazgo. Es más, los primeros partidos políticos de Bolivia surgieron tan tarde como a partir de 1880.

---

[21] Wolf Gruner, *Parias de la patria. El mito de la liberación de los indígenas en la República de Bolivia*, 1825-1890, Plural, La Paz, 2015, p. 196-197. Pero el golpe de gracia parece haber sucedido un poco después, según relata Miguel Bonifaz "ninguna de estas medidas se hizo efectiva, porque tan pronto como se fue de Bolivia el Libertador, en 20 de septiembre de 1827, los señores feudales, dueños del poder, dictaban una ley por la que se establecía, que los decretos bolivarianos quedaban suspendidos en su ejecución sobre repartimiento de tierras a los indígenas" en, Miguel Bonifaz R., *Bolivia, frustración y destino*, UMRPSFX, Sucre, 1965, p. 85.

[22] Quiero aclarar que cuando hablo de colonialismo lo entiendo según la línea de Ciro F. Santana C.: "En primer lugar, el término "colonial" se emplea en el sentido de definir una relación estructural de dependencia, y no en un sentido político; así, por ejemplo, la independencia de Brasil en 1882 no significó el derrumbe del modo de producción esclavista colonial en el país, donde siguió siendo dominante desde 1850 para desaparecer solamente en 1888. Por "modos de producción coloniales" designo, pues, aquellos modos de producción que surgieron en américa en función de la colonización europea, pero que en ciertos casos pudieron sobrevivir a la independencia política de las colonias américas, y seguir existiendo durante el siglo XIX, hasta la implantación –que se dio en épocas distintas según los países– del modo de producción capitalista", en Ciro F. Santana Cardoso, *op. cit.*, p. 142-143.

[23] Pilar Mendieta, *Entre la alianza y la confrontación. Pablo Zarate Willka y la rebelión indígena de 1899 en Bolivia*, Plural, La Paz, 2010, p. 54.

Por todo esto se considera, generalmente, que la imposibilidad de introducir a los indígenas dentro del nuevo sistema republicano representa un fracaso de las ideas liberales que se propugnaron tras la independencia. Pero esto solo puede ser verdadero si se toma por cierta la tesis de que los cuerpos sociales, incluyendo a las élites, necesitan de grandes directores que las dirijan y las tutelen para que se pueda llevar a cabo cualquier cambio social. Montenegro por ejemplo, consideraba que, terminadas las guerras de independencia y "desaparecidos casi todos los grandes conductores del sentimiento nacional, frenóse de golpe la energía revolucionaria de la masa[24]". Ciertamente pudieron existir algunos convencidos en el liberalismo como Bolívar o Sucre, pero es claro que el grueso de los criollos no pelearon por ideas de igualdad social; simplemente no podían estar convencidos de estas ideas si se considera el hecho de que sus privilegios se originaban de discriminar a una parte de la sociedad. Más bien se debe considerar que, luego de la independencia, éstos trataron de reproducir el hecho colonial español de manera interna, al mismo tiempo que buscaban abrirse camino en el mercado internacional a través de sus *commodities*. Además contaban para esto con una ventaja adicional: puesto que el equilibrio de fuerzas ya no era necesario con la partida de los funcionarios absolutistas, esto permitió a los criollos de medio y bajo rango desconocer el pacto colonial y así, tratar de expandirse usurpando la tierra indígena[25].

Hay que recordar que bajo el antiguo régimen, la propiedad –al igual que el mismo concepto de "raza"– no estaba completamente consolidada. Esta estaba siempre abierta a interpretaciones. Como ya se mencionó antes, la verdadera riqueza de los criollos, provenía más del derecho a usufructo que el de la propiedad. Aquí nos damos cuenta que el valor de la palabra escrita, descrita por Rama, no era tan absoluto como él

---

[24] Carlos Montenegro, *Nacionalismo y coloniaje*, Juventud, La Paz, 1994, p. 63.

[25] De ahí que el fenómeno del llamado "colonialismo interno" es cualitativamente diferente al colonialismo imperial español: mientras que el segundo se basa en un delicado equilibrio entre los diferentes grupos, el primero trata de ser muchísimo más impositivo entre la población.

pensaba, puesto que dichos derechos, podían ser fácilmente revocados por la Corona bajo cualquier pretexto siempre y cuando le conviniese. Por tanto, la lucha contra el Imperio español fue una lucha por hacerse de una heredad y no por sentimientos verdaderamente nacionales y de ahí ese aspecto "gamonalista" que criticaba Zavaleta cada vez que se refería a los criollos. Para ellos, la tierra, era vista como un futuro medio de hacer un patrimonio y los indígenas eran considerados como otro recurso más de ese mismo suelo y nada más. "Este –menciona Zavaleta– es el origen profundo o arcaico de lo que se llama regionalismo en Bolivia, es decir, la incapacidad de vivir el espacio como un hecho nacional o al menos como algo no tan directamente vinculado a la idea personal de la relación con la tierra, como algo concebido de un modo transpersonal o colectivo.[26]"

Justamente por eso, lenta pero inexorablemente, los diferentes gobiernos "nacionales" pusieron gran parte de su energía en privatizar las tierras de los indígenas. De hecho, los primeros títulos de propiedad privada se darían durante el gobierno de un mestizo, hijo de antiguos caciques: Andrés de Santa Cruz (1829-1839), y así, "[…] con su ley del 28 de septiembre de 1831, Santa Cruz privilegió, como ya lo había hecho en otros casos, a los nobles entre los indígenas, es decir a los antiguos caciques ahora sin título, los extinguidos caciques de sangre, y sus descendientes, a quienes convirtió en propietarios de las tierras que poseían tradicionalmente[27]". Sin embargo, los mayores intentos de privatizar la tierra se darían durante las presidencias de Mariano Melgarejo (1864-1871) y su decreto de expropiación de la tierra del 20 de marzo de 1866 y durante la presidencia de Tomás Frías (1872-1873) y las llamadas leyes de Exvinculación del 5 de octubre de 1874[28].

---

[26] René Zavaleta Mercado, "lo nacional-popular en Bolivia" en, *op. cit.*, p. 167.

[27] Wolf Gruner, *op. cit.*, p. 173.

[28] Ver, Ramiro Condarco Morales, *Zarate, el "temible Willka". Historia de la rebelión indígena de 1899*, Editorial El País, Sta. Cruz de la Sierra, 2011, p. 35-42. También ver a Wolf Gruner, *op. cit.*, p. 178-189.

Con todo, aunque todas estas medidas estaban pensadas para, en última instancia, expandir el latifundio bajo el pretexto de mejorar la agricultura nacional, la capacidad de resistencia indígena hizo retroceder en más de una ocasión, los planes de los gobiernos de turno para destruir la propiedad comunal de la tierra, lo que pudo contribuir a una autoconciencia de la propia identidad indígena[29]. Por todo esto, y con cierta cautela, Platt postula que lo que realmente pudo debilitar a los *ayllus* (principalmente del norte de Potosí, que es la región en donde enfoca su estudio), fue la apertura de Bolivia al mercado internacional. Según él, Bolivia al momento de su nacimiento, tenía con una agricultura autosuficiente, pero esta pronto fue sacrificada en nombre de la apertura del país a las importaciones extranjeras[30].

Lo que quiero recalcar aquí es que, pese a las discusiones teóricas entre criollos sobre qué modelo económico era más viable para el país (si se debía tener una economía de tipo proteccionista o más bien seguir una corriente de tipo "librecambista" como la llamaban en la época), el hecho colonial no había cambiado significativamente y por tanto, también era imposible cualquier tipo de homogeneidad cultural. Los diferentes grupos sociales que habían sobrevivido como un legado colonial, seguían teniendo fuertes intereses corporativistas que impedían ver al territorio como una *res pública*. Para empeorar las cosas, dichos intereses corporativos parecían converger en el asunto de la tenencia de la tierra, lo que acrecentaba los antagonismos sociales.

---

[29] Pilar Mendieta nos dice a este respecto, que esta capacidad de resistencia no se traduce necesariamente en una confrontación abierta contra el Estado, sino que más bien se dio en el ámbito judicial. Así pues, "el uso de la memoria, mediante la lucha legal en los juzgados no solo les hizo conscientes de su identidad grupal como indios sino que tenía como finalidad el mantenimiento de las comunidades como entes corporativos y autogestionarios dentro de una República liberal, la cual no desconocían". En Pilar Mendieta, *op. cit.*, p. 35.

[30] Tristan Platt, *op. cit.* p. 35. Ahora bien, una clara excepción a este tipo de gobiernos caudillistas, se puede encontrar durante la presidencia de Manuel Isidoro Belzu (1848-1855), que fue un gobierno con claras tendencias populistas, por no decir anti-elitarias, sin embargo, este es un claro ejemplo de que las excepciones nunca conforman la regla.

Esto se debía, en principio, a que la tenencia de la tierra significaba diferentes cosas según al grupo al que se perteneciera: para los criollos, era la oportunidad de asegurarse un patrimonio personal y familiar; para los indígenas, la defensa del pacto de reciprocidad con el Estado y por tanto, de sus propias tradiciones e identidad. Todo esto, impedía que se formara una imagen mental entre los diferentes estamentos como una verdadera *comunidad*; en cierta manera, la comunidad colonial es la antítesis de la "comunidad imaginada" que Anderson teorizó y que estaba basada en el desinterés y el sacrificio.

3

LA IDEOLOGÍA CONSERVADORA

Desde la independencia de Bolivia, hasta la llegada de los primeros gobiernos conservadores, es difícil considerar a este país dentro de los parámetros de la modernidad. ¿Cuáles son esos parámetros? Los más importantes serían los de contar con una economía fuertemente capitalizada y de contar con una base industrial. ¿Por qué? Porque, según el análisis de Ernest Gellner, solo una economía de tipo industrial es capaz de generar cierto tipo de movilidad social.

La razón de esto se debe a que mientras que en las sociedades o Estados pre-modernos la característica principal es la de poseer especialistas que son difíciles de reemplazar (arquitectos, ingenieros, médicos, escribas), esto no ocurre igual en los Estado modernos. En una sociedad moderna, los especialistas no son escasos por el mismo hecho de que los Estados se esfuerzan en costear sistemas educativos universales. Todo esto conlleva a que una mayor cantidad de gente sea capaz de competir por puestos de trabajo, lo que ya de por sí acarrea una mayor movilidad social. Es decir, a diferencia de las sociedades pre-modernas, en donde la posición social es generalmente *heredada*, en las sociedades modernas la posición social es *ganada*. Por tanto, en este último tipo de sociedad todos somos capaces de, por ejemplo, incurrir en el mercado del trabajo, educarnos o trabajar. Que no tengamos las mismas oportunidades es otra cosa, pero esto no disminuye la premisa fundamental: en una sociedad moderna, en teoría, todos tenemos los mismos derechos y obligaciones. "La consecuencia inmediata –nos dice Gellner–, de este nuevo tipo de movilidad es cierto igualitarismo. La sociedad moderna no es móvil porque sea igualitaria; es igualitaria porque es móvil[1]". Por eso la modernidad, desde este punto de vista, se puede definir cómo al periodo histórico que prioriza el igualitarismo social (como lo demuestra claramente la existencia del multiculturalismo liberal). En cambio, los estadios pre-modernos más bien hacen hincapié en la diferenciación cultural y en los destinos de casta (cómo en las sociedades de castas).

Bolivia en este sentido, no podía ser catalogado entre el conjunto de las sociedades modernas, puesto que el destino de sus individuos, estaba todavía fuertemente ligado al destino de los linajes y de las castas: una vez nacido dentro de una determinada casta social, se esperaba que aquel individuo desempeñase cierto tipo de tareas concernientes a las misma durante toda su vida. Por supuesto, era a la casta indígena a la que le tocaban las tareas más difíciles entre las que se encontraban, tanto la minería como la agricultura. Aunque claro, la minería siempre ocupó un lugar preponderante dentro de la economía "nacional", lo cierto es que esta nunca puede desasociarse completamente de la actividad agropecuaria; ambas actividades siempre estuvieron estrechamente vinculadas. Bolivia, gran parte de su existencia, fue una sociedad eminentemente rural, como demuestra el hecho de que tanto las comunidades indígenas, como los latifundios terratenientes, alimentaron constantemente el voraz apetito de los principales centros mineros del país[2]. En un análisis de la minería en los países Andinos, Carlos Sempat Assadurian menciona que:

Durante la etapa recesiva, hasta 1850, como consecuencia de la desaparición de los ejes articuladores del espacio colonial, es decir la

---

[1]   Ernest Gellner, *op. cit.*, p. 41.

[2]   Por ejemplo, según el periódico *La Razón* y basándose en los datos censales bolivianos a partir de 1950 (el primer censo con datos estadísticos serios), la población rural en ese año era del 73,8%. En cambio, según el censo de 1976, esta proporción había disminuido hasta solo alcanzar el 58,7% de la población. Finalmente esta proporción se invertiría con el censo de 2001, en la que la población campesina solo llegó a alcanzar el 37,6% de la población total, haciendo que Bolivia, a partir de este punto, pueda considerarse un país mayoritariamente urbano. *La Razón*, 11 de enero de 2014.

minería y el Estado, se produjo una desintegración regional interna de cada "país", careciendo cada una de ellas de las fuerzas suficientes como para imponer un nuevo ordenamiento. En este contexto, el latifundio colonial, particularmente en su versión serrana, pese a ser minoritario cuantitativamente, se convirtió en la unidad productiva dominante[3].

Por supuesto, nada de esto servía de ayuda para atenuar los antagonismos entre criollos e indígenas. Todavía ambos sectores se trataban de desangrar mutuamente por la tenencia de la tierra. Es más, este prolongado conflicto produjo como resultado que los criollos solo se concentraran en combatir a esta suerte de "enemigo interno" indígena. Este hecho se ve reflejado en la falta de interés del Estado criollo por sus propias fronteras, que por cierto, estaban pobremente defendidas. El ejército era generalmente usado, y con frecuencia, más para sofocar levantamientos indígenas que para guarnecer al país. Las fronteras, por aquel entonces, todavía permanecían en gran parte porosas e imprecisas. Es más, es muy probable que las élites criollas del país se consideraran más estrechamente vinculadas, culturalmente hablando, con las élites extranjeras que con los mismos habitantes indígenas con los cuales compartían territorio, lo cual, les daba de alguna manera una sensación de seguridad falsa dentro de sus propias fronteras. No hay que olvidar que, después de todo, compartían con todas esas élites criollas vecinas una cultura en común. Aunque después de la independencia Bolivia había tenido varios conflictos armados con varios de sus vecinos, principalmente el Perú, considero que la memoria colectiva de haber pertenecido a una misma entidad política, estaba relativamente fresca y por tanto, estos conflictos eran más percibidos como guerras civiles entre hermanos que como verdaderos conflictos internacionales[4].

---

[3] Carlos Sempat Assadurian, *Minería y espacio económico en los Andes. Siglo XVI-XX*, IEP, Lima, 1980, p. 16.

[4] Por ejemplo, los conflictos que el país tuvo con el Perú (1828, 1835 y 1836, 1841), fueron intentos, en mayor o menor medida, de tratar de crear un solo Estado unificado. Por su parte, cuando la Confederación Perú-boliviana se enfrentó a la Confederación Argentina por la

Un duro despertar a este respecto, se dio a partir de la derrota boliviana en la Guerra del Pacífico (1879-1883)[5], durante la presidencia de Hilarión Daza (1876-1879). A raíz de este traumático suceso, Bolivia perdería su litoral, hecho por el cual se lamenta hasta nuestros días, puesto que era su única vía para comunicarse con el océano Pacífico. Pero lo que realmente importa aquí, es que lo que cambió a partir de esta guerra con Chile –al menos de un gran segmento criollo, aunque de no todos–, fue la propia percepción de seguridad del patrimonio comúnque hasta entonces se tenía en el país, que a partir de aquí, cambió radicalmente.

Prueba de ello es que en el año de 1880, el entonces presidente de la república, general Narciso Campero (1880-1884), convocó a una Convención Nacional en la que uno de los objetivos expresos, era discutir si el país debía proseguir la guerra con Chile y ayudar a su aliado, el Perú –qué proseguía con la lucha solo–, o en cambio, aceptar la paz con el vecino país. Como es de esperarse en este tipo de debates, la sociedad se polarizó y a la guisa, se manifestó con la creación de los dos primeros partidos políticos de Bolivia: el Partido Constitucional o conservador, que abogaba por la paz con Chile, (en un primer momento bajo la jefatura de Mariano Baptista, aunque poco después tomaría la jefatura de este partido Aniceto Arce); y el Partido Liberal, (creado bajo la atenta mirada del general Eliodoro Camacho[6]).

---

provincia de Tarija en 1837, es difícil dilucidar donde empezaban y donde terminaban las lealtades de los criollos en las nóveles repúblicas; no hay que olvidar que esta región pidió su incorporación voluntaria a Bolivia, siendo que la Argentina reclamaba derechos sobre esta zona. Chile en este caso siempre fue una gran excepción que ya, con políticos como Diego Portales a la cabeza, veía la unificación de ambos Estados (el peruano y el boliviano), como un peligro para la existencia de su propio país.

[5] "Si mucho más tarde Bolivia iba a ver en el despojo del litoral oceánico que siguió a la derrota una de las causas de su aislamiento y su arcaísmo económico, el hecho de que la posesión de ese litoral tampoco había servido para acercar a Bolivia a la economía mundial parecía disminuir las consecuencias inmediatas de su pérdida. El problema central de Bolivia no era, en efecto, la dificultad de comunicarse con el mercado mundial, sino la de hallar excedentes que instalar en ese mercado: la crisis de la plata continuaba, y la quina la remplazaba solo muy insuficientemente." En Tulio D. Halperin, *op. cit.*, p. 266.

[6] Ramiro Condarco Morales, *op. cit.*, p. 65-66.

En gran parte debido al poder e influencia que tenían los primeros, la posición conservadora obtuvo la última palabra y se decidió, de esta manera, abandonar la guerra. Durante los años en que los conservadores estuvieron en el poder, se sucedieron una serie de gobiernos civiles que prometieron cierta estabilidad política que fue bien recibida en un primer momento. La continua inestabilidad política en la que habían sumido a Bolivia los anteriores gobiernos militares, ciertamente habían contribuido al descrédito de estos últimos, lo que abrió una brecha de oportunidad para que las oligarquías mineras del país, haciendo uso de sus enormes fortunas, decidieran incurrir más activamente en la vida política del país. Sin embargo, es importante hacer notar que el abandono de la guerra no fue bien recibida por todos en un primer momento, sobre todo por los liberales, que defendían la posición de continuar las hostilidades contra Chile[7].

De todas maneras, los miedos y las inquietudes de estos criollos no desaparecieron con el abandono de la guerra. Un ejemplo a este respecto, se ve durante la presidencia de Aniceto Arce (1888-1892). En su gobierno, se introdujo por primera vez el ferrocarril al país, pero esta obra, más que aplaudida, fue duramente criticada en la época. En parte, se debió a que esta obra pretendía unir a Bolivia con Chile y sus puertos, siendo que uno de los mayores beneficiarios de esta obra era el mismo Arce (propietario de la mina de Huanchaca, al que el ferrocarril le ayudaba a bajar considerablemente los costes de transporte de minerales hacía el exterior), que al resto de la población boliviana. De hecho, para el grueso de la población, esta obra se percibió como una completa falta de tacto por parte del gobernante. Pero más importante aún, no importaba tanto que el tren fuera una obra importante para Bolivia desde el punto de vista tecnológico, lo cierto es que el recuerdo de la guerra todavía era algo muy

---

[7] "Uno de los motivos más importantes para que la élite, mayormente paceña, propiciara la continuidad de la guerra fue también la necesidad de conseguir el puerto de Arica para Bolivia, esencial para la vida económica y el comercio norteños". En Pilar Mendieta, *op. cit.*, p. 60.

fresco, cómo refleja el hecho de que por aquel entonces existía el temor de que los chilenos usarían el mismo ferrocarril para invadir a Bolivia.

Fueran o no justificados estos temores, de todas maneras Arce decidió proseguir con la impopular obra. Como se mencionó anteriormente, a partir de la década de 1870 se había adoptado el modelo librecambista y esto se debió, en parte, al deseo de articularse más eficientemente al mercado mundial. Puede que, con la pérdida del litoral, la oligarquía minera sintiera (con Arce a la cabeza) que el tren era la única oportunidad que le restaba a Bolivia para integrarse al mercado-mundo. Aunque por un lado, esto puede interpretarse como un deseo sincero por dar a su país una opción al aislamiento internacional, lo cierto es que tampoco se puede descartar la idea de que los sentimientos patrimonialistas eran todavía lo suficientemente fuertes en este grupo como para no importarles la censura pública.

Con todo esto, lo que quiero tratar de demostrar aquí es que la modernidad no se resume a un conjunto de innovaciones tecnológicas, sino que en la verdadera modernidad va aparejada de una forma diferente de pensar. Por ejemplo, incluso si la llegada de este ferrocarril pudo efectivamente haber ayudado a dinamizar la economía minera del país —claro está, esto suponiendo que hagamos caso omiso al hecho de que el tren contribuyó a destruir la producción agropecuaria interna—, de todas maneras, sería de necios considerar a Bolivia un país moderno solo por contar con dicha tecnología. Esto debido a que la llegada de estos gobiernos civiles al poder, no cambió en absoluto la estructura social del país: esta seguía siendo tan corporativista como lo había sido en épocas coloniales. Mientras la segregación étnica estuviera cuasi institucionalizada en el país[8], la importación de tecnologías debe ser vista simplemente como

---

[8] Casi todo investigador que toque estos temas se ve, en algún punto, casi obligado de hacer mención a la primera constitución boliviana de 1826 en la que la segregación, no era tratada de forma explícita como en la época colonial (la clara distinción entre "república de españoles" y la "república de indios"), sino más bien, era tratada de una forma implícita. Así pues, el Art. 14 de dicha constitución expresa que: "Para ser ciudadano es necesario:

un instrumento más en el arsenal de algunos grupos privilegiados que como el signo de una verdadera modernidad[9].

Y digo que este sector conservador aun respondía a las viejas prácticas corporativistas, porque luego de la derrota a manos de Chile, lo que más le preocupó no fue la materia de los asuntos internacionales, sino más bien el hecho de tener que lidiar con una nueva élite minera que se estaba formando en el norte del país. Por extraño que parezca, les angustiaba más el hecho de tener potenciales rivales dentro del propio país que fuera de las fronteras. De esta manera, se suscitó un fuerte antagonismo entre ambas ciudades y cuyas consecuencias, tendrían interesantes repercusiones en la historia de Bolivia, o como sintetiza José de Mesa:

> La Paz fue durante todo el siglo XIX la primera ciudad de Bolivia y frecuentemente sede de los gobiernos nacionales (comenzando por el Mariscal Andrés de Santa Cruz). Su dinámica como ciudad se vería muy pronto respaldada por el nacimiento de la economía del estaño que desplazó el eje Potosí-Sucre al eje Oruro-La Paz. La caída de la plata trajo consigo el debilitamiento de la influencia de

---

(a) Ser boliviano. (b) Ser casado, o mayor de veintiún años. (c) Saber leer y escribir, bien que esta calidad solo se exigirá desde el año de mil ochocientos treinta y seis. (d) Tener algún empleo, o industria, o profesar alguna ciencia o arte, sin sujeción a otro en clase de sirviente doméstico." En Marcelo Galindo de Ugarte, *Constituciones bolivianas comparadas. 1826-1967*. Editorial Los Amigos del Libro, Cochabamba, 1991. Como se ve, no se prohíbe abiertamente la condición de ciudadanos al componente indígena, sino que más bien se la restringe de manera más sutil, es decir, pidiéndoles una serie de requisitos –los incisos (c) y (d)–, que estos no estaban en condiciones de cumplir.

[9] Ahora bien, con todo esto tampoco quiero decir que la innovación tecnológica no es capaz de crear algún tipo de cambio social, pero esto solo es posible a mediano o incluso a largo plazo. Pero a corto plazo, las innovaciones tecnológicas más parecen producir cierto rechazo, como lo prueba la paranoia boliviana sobre una posible invasión chilena al país por medio del ferrocarril. Por otra parte, los gobiernos conservadores tan solo estuvieron en el poder 15 años (de 1884 a 1899), es decir, los cambios sociales que pudo haber originado la introducción del ferrocarril fueron sobre todo aprovechados por los gobiernos liberales que les sucedieron inmediatamente después.

los viejos caudillos conservadores Arce, Pacheco y sus colaboradores más allegados.[10]

¿A quiénes entonces realmente todavía asustaba la perspectiva de una posible invasión chilena? Es evidente que a quienes realmente preocupaba estos acontecimientos era a los sectores "medios" del criollaje, que percibían todos estos acontecimientos de una manera muy diferente a la de los magnates mineros. Estos criollos de medio rango tenían razones más personales e inmediatas para encontrarse en un estado de paranoia, como aparentemente lo estaban los llamados *letrados,* por ejemplo, aunque también los latifundistas. Antes de la guerra del Pacífico, la única preocupación verdadera que estos criollos realmente tenían era la de tener que lidiar con el siempre presente "enemigo interno" indígena. En cambio, después de la guerra y como ya se adelantó, esta percepción se había alterado radicalmente y ahora, se sentía que no solo se tenía que pugnar constantemente contra los indígenas, sino también con los posibles "enemigos externos" que conspiraban más allá de las fronteras. Así pues, estos tal vez fueron la primera generación de criollos que correlacionaron sus propios intereses con la supervivencia del propio Estado.

Aunque las consecuencias de una hipotética invasión no puede reducirse simplemente a una cuestión de empleos, lo cierto es que de todas maneras estos miedos debieron tener un impacto significativo en estos grupos: Para los *letrados,* por ejemplo, las consecuencias de una posible desintegración del Estado boliviano eran obvias: ellos dependían de este para sobrevivir, puesto que el mismo siempre fue su principal empleador; por su parte, el sector terrateniente, tenía motivos propios para inquietarse, como bien explica Borojov cuando este nos dice que:

> Los grandes terratenientes son la clase que vive de la renta. En parte, claro está, viven del beneficio que les rinden sus capitales. Pero la fuente principal de sus ingresos es la renta de la tierra y ello

---

[10] José de Meza y otros, "Historia de Bolivia, quinta edición", edit. Gisbert, La Paz, 2003, p. 511.

motiva que más que nada aprecien lo inmobiliario, el patrimonio de la tierra. El territorio les es valioso solo en la medida en que les sirva como suelo que da renta. Su nacionalismo es, principalmente, un nacionalismo telúrico. Solo puede sentirse amenazado cuando cualquier país vecino piensa en conquistar la tierra misma[11].

Esta tal vez es la principal razón de por qué tantos criollos se sintieran atraídos por el bando liberal: poco a poco el bando conservador era visto más como un grupo indiferente hacia el destino "nacional" y siempre volcado hacia sus propios intereses gamonalistas. En lugar de ser los defensores de los derechos de la sociedad en su conjunto que se suponía que tenían que ser, parecían seres indiferentes ante el destino del patrimonio conjunto que se suponía que todos compartían.

La clásica reacción conservadora ante este dilema, es la de justificar su propia existencia representándose a sí mismos como los únicos defensores de la tradición y la religión. Aunque algo posterior al trabajo de este estudio, un interesante expositor de este punto de vista lo podemos encontrar en los escritos de Jorge Siles Salinas que fue un encarnecido defensor de las tradiciones, sobre todo en su libro *Ante la historia.* Según él, son tres "[...] las categorías desde las cuales la tradición es vivida como una promesa de continuidad y de vinculación solidaria entre las generaciones: son ellas la fidelidad, la admiración y la gratitud[12]". El cumplimiento de estas categorías éticas, según su punto de vista, propiciaría una especie de *continuum* social. O, para explicarlo en términos mucho más concretos (y aquí debo admitir que concuerdo con la lectura *post* de Sanjinés que hace sobre la percepción del tiempo histórico por parte de los conservadores): la tradición no es la repetición exacta del pasado, sino una prolongación de este. Como ya dije antes, el mismo hecho independentista debe verse, según esta óptica, más como una guerra civil entre iguales que como un intento de destruir todo

---

[11] Ber Borojov, *op. cit.* p. 73.

[12] Jorge Siles Salinas, *Ante la historia*, edit. Nacional, Madrid, 1969, p. 37. Esta obra también está citada en la obra de Javier Sanjinés.

atisbo del legado español. El conservadurismo denota aquí un intento de continuidad con los sistemas previos en lo social, que incluye no solo a la religión, sino también al mismo hecho colonial.

De ahí que se acusara a las oligarquías sureñas de tener varios rasgos "señoriales". Para ellos, el orden social en el que se encuentran es ya de por sí perfecto; están satisfechos con él. Esta *satisfacción* tiene como consecuencia una falta de innovación, pero una falta de innovación en lo *social*, no en lo tecnológico. Porque la tecnología es vista por las clases conservadoras simplemente como un medio para optimizar sus propias ganancias y, por tanto, no son capaces de calcular las consecuencias sociales de dichas innovaciones.

Pese a que como se dijo antes, el libro de Siles haya sido escrito posteriormente al periodo de este estudio (1969), pienso que es válido vincularlo con el pensamiento conservador de décadas anteriores que consideraba cualquier cambio social radical como algo peligroso. Porque en su libro, se ataca constantemente el concepto de *innovación*, representados por las nociones de *progreso* y de *revolución*. ¿Por qué los conservadores las atacaban con tanto ahínco? La única respuesta que parece lógica es que al orden social ya establecido, no le gusta la idea de tener que lidiar con ningún tipo de desequilibrio; la percepción de *progreso,* en una sociedad estamental, consiste en un acto netamente *revolucionario*. De ahí que, para ellos, "la revolución no repara en medios para lograr lo que constituye su objetivo esencial: la destrucción del pasado. O dicho de otro modo: para ella no tiene sentido ni la gratitud ni la fidelidad ni el sentimiento de admiración hacia un pasado cuya acta de defunción figura en la primera página del historial revolucionario[13]". La revolución, para este punto de vista, es transgresora con el antiguo orden porque considera al pasado como un lastre que debe ser soltado para construir algo nuevo, algo netamente

---

[13] Jorge Siles Salinas, *op. cit.*, p. 43.

utópico e irrealizable. Es, por tanto, un proyecto destructor antes que edificador.

La tesis de Salinas, sin embargo, puede llegar a ser fácilmente refutada y, en cierta medida, admito que aquí estoy de acuerdo con algunos de los planteamientos del pensamiento *post*. Por ejemplo, Salinas plantea que la fidelidad, admiración y gratitud al pasado, origina lo que él llamó un tipo de "conciencia histórica". Pero ésta es un tipo de conciencia restringida, que solo se enfoca en aquellos descendientes de la cultura hispanoamericana y, de forma implícita, niega la conciencia de los pueblos originarios de las Américas que los precedieron.

Pero lo que los conservadores –y curiosamente, también el *postcolonialismo* actual– nunca pudieron entender (o no quisieron), el hecho de que el deseo de innovación y de progreso no aparece como fruto de un loco desvarío, sino que siempre se muestra, en su momento, más bien como el producto de la frustración de los individuos con el orden social. Ciertamente esta idea de "progreso" que siempre manejó el liberalismo puede llegar a ser altamente destructiva, pero no se puede negar que la revolución también puede llegar a ser vista como una etapa de oportunidades más que de crisis, sobre todo por los sectores menos acaudalados de la sociedad. De todo esto acontece, según Guillermo Francovich, que la filosofía positivista estuviera tan fuertemente relacionada con las diferentes doctrinas y teorías liberales que se manejaban en Bolivia por aquella época. Así pues:

> Al afirmar que la ciencia transformaría el mundo, haciendo que la naturaleza se sometiera a los designios humanos, el positivismo abría perspectivas inmensas y traía una visión de progreso ilimitado que tenía necesariamente que reflejarse en la conducta social. Por otro lado, las doctrinas positivistas eran un alimento intelectual que no exigía muy elevada cultura. La simplicidad, a veces ingenua, de sus afirmaciones, las hacía fácilmente asimilables aun por los espíritus menos habituados a las complejidades del pensamiento

filosófico. Finalmente, el positivismo predisponía a la beligerancia con las concepciones religiosas, que consideraba formas arcaicas de mentalidad humana, destinadas por lo mismo a desaparecer[14].

Por eso no estoy de acuerdo con que generalmente se identifique tanto a conservadores como liberales como más o menos lo mismo, salvando el hecho de que los primeros eran unos beatos empedernidos y los segundos un montón de ateos. La diferencia, en realidad, me parece mucho más sutil: obviamente ambos grupos eran patrimonialistas, en el sentido en el que nos hemos referido en este trabajo, pero lo que diferenciaba primordialmente a los liberales, era su profundo sentido de *insatisfacción*. Agnes Heller, en una poca conocida conferencia magistral titulada *El falso pájaro azul de la felicidad*, haciendo una reflexión del por qué la felicidad es una imposibilidad en las sociedades modernas, nos dice que la respuesta se encuentra en el hecho de que los individuos, dentro de estas sociedades, persiguen cosas y metas que nunca alcanzan y que por tanto, les dejan con un profundo sentido de insatisfacción:

> En la historia moderna la felicidad nunca llega a ser alcanzada. Los hombres y mujeres modernos viven esforzándose en pos de las cosas que no alcanzan. Solo los valores no aceptados ponen límites a los esfuerzos ilimitados en pos de imposibles valores aceptados. Por tanto, la sociedad moderna es la sociedad insatisfecha. Los hombres y mujeres modernos están insatisfechos con su propia suerte, con la suerte de los suyos y de los otros, con la época actual, con el destino del género humano.[15]

Es este sentido de insatisfacción lo que permitió a los liberales −a la larga−, ser mejores representantes del capitalismo internacional, a diferencia de los conservadores, que solo se interesaban por sus intereses gamonalistas. ¿Por qué esto es así?, porque a la hora de saciar este sentido de insatisfacción

---

[14] Guillermo Francovich, *El pensamiento boliviano en el siglo XX*, FCE, México D. F., 1956, p. 10.

[15] Agnes Heller, *El falso pájaro azul de la felicidad*, Ediciones Runa, Cochabamba, 1999, p. 36-37.

personal, los liberales primeramente debían asegurar el patrimonio común (el proyecto de la nación-Estado), de posibles competidores externos. En este sentido puede llegar a percibirse como un suceso paradójico: o sea, que un sentimiento de insatisfacción personal e individual, al no poder aliviarse frente al miedo y la inseguridad, termine permitiendo que una colectividad empiece a percibirse a sí misma como un "nosotros". De ahí que, al momento de la verdad, fuera el Partido Liberal, ya desde sus inicios, el único partido que pudo presentar un programa político concreto que intentaba tratar de generar un mayor control fiscal y administrativo de Bolivia.

De todas maneras, los conservadores no iban a dejar que estos advenedizos accedieran tan fácilmente el poder y en cambio, trataron de consolidar su posición con la llamada Ley de Radicatoria de noviembre de 1898. Esta ley se aprobó por el hecho de que la ciudad de Sucre, pese a ser nominalmente la capital de la república, nunca había consolidado realmente esta posición y la sede del poder variaba intermitentemente entre esta ciudad, La Paz y otras ciudades, según el gobierno de turno[16]. Así pues, con el característico regionalismo y gamonalismo que envolvía a todos los espíritus criollos y a su ansia de no desperdiciar ninguna oportunidad de incrementar poder político e influencia, se lanzó una ley que finalmente desembocaría en una guerra civil. Curiosamente, este conflicto armado también es conocido en Bolivia como la Guerra Federal (1898-1899). Se la llamó así porque en un primer momento los liberales del norte, liderados por el entonces coronel José Manuel Pando, enarbolaron la bandera federalista. Es de hacer notar que las discusiones sobre las ventajas y desventajas de ser un Estado federado ya tenían larga data. Pero lo más probable es que, al iniciarse el conflicto, los liberales considerasen que, en el peor de los casos, de no ganarse la guerra al menos podrían presionar al gobierno del sur por una paz negociada a cambio de un gobierno más descentralizado. En todo

---

[16]   Para una explicación más satisfactoria de estos sucesos, ver Ramiro Condarco, *op. cit.*, 58-65.

caso, la guerra se inclinó hacia el bando liberal hasta el punto en el que ya no era necesario negociar, sino más bien imponer. Derrocado el último presidente conservador de este periodo, Severo Fernández Alonso (1896-1899), asumió la presidencia el general Pando (1899-1904) y así, La Paz se convirtió en la sede de los poderes ejecutivo y legislativo. Sin embargo, esta es la razón por la cual Zavaleta, al reflexionar sobre este periodo llegó a decir:

> Si hubiera que distinguir entre cómo se vive la Guerra del Pacífico y cómo la Revolución Federal (con lo cual queremos referirnos no a la externidad de estos acontecimientos, sino a su internalización colectiva) habría que escribir que la primera debe ser considerada en rigor (al menos en su primer momento) como un asunto de Estado o materia estatal, es decir, algo que ganó o perdió la clase dominante, por cuanto entonces no estaba diferenciada del Estado como una responsabilidad suya ante sí misma [...] Decimos entonces que, en el modo ideológico inmediato que tuvo al ocurrir, la Guerra del Pacífico fue una guerra de incumbencia del Estado y de la clase del Estado, y no de la sociedad, al menos no de un modo inmediato [...] La Revolución federal, en cambio, sacó al claro lo más vivo de los conflictos clásicos de la sociedad civil.[17]

Por supuesto, este conflicto no puede reducirse a un conflicto entre criollos. De hecho, actualmente está más que claro que la victoria de los liberales no hubiese sido posible sin la participación de los indígenas y del apoyo que les brindó su líder, Zarate el "temible" Willka. Pero vale la pena preguntar, ¿cómo es que los liberales atrajeron a los indígenas a su bando? Aparentemente, el bando federal atrajo a los indígenas a su lado con la promesa de hacer valer de nuevo el llamado pacto de reciprocidad, respetando

---

[17] Zavaleta, "lo nacional popular...", p. 160.

así, el derecho de los indígenas sobre sus propiedades comunitarias[18], por lo cual, y por amplio consenso, la historiografía boliviana ha calificado a los liberales de ser prácticamente lo mismo que los conservadores, con la diferencia de que los liberales hacían un mayor uso de la demagogía. Esto se debe principalmente a que, incluso antes de avizorarse una guerra entre el norte y el sur, el flamante Partido Liberal coincidía con los conservadores en la necesidad de destruir la propiedad comunitaria de la tierra con un doble fin: primero, el de crear un mercado de la tierra y, segundo, convertir a los comunarios indígenas ya sea en colonos (especie de trabajador de las grandes haciendas) o en pequeños propietarios[19].

Aun así, lo curioso del caso es que la lógica dicta que a quienes más hubiese servido el mantener el pacto de reciprocidad eran a las élites conservadoras y no a las liberales. Para ese entonces, era en el departamento de La Paz donde más se había expandido el latifundio, ¿por qué entonces, los conservadores no pudieron –o no quisieron– monopolizar este discurso en su favor? Probablemente, al final, los indígenas se decidieron por el bando liberal porque percibieron que ya no podían sacar nada más de los conservadores. De alguna manera, independientemente de si los indígenas creyeran o no en la demagogia liberal, veían que la llegada de estos, sumado al conflicto de la guerra, les brindaba la oportunidad de reforzar su capacidad de negociación con el Estado. No hay que olvidar a este respecto que los indígenas participaron en la guerra casi exclusivamente por el problema de la tierra. Coincido con Mendieta cuando dice que,

---

[18] "Hay indicios de que el rechazo de los comuneros frente a la política de exvinculación fue hábilmente explotada por los liberales paceños para movilizarlos en su favor contra el gobierno conservador de Chuquisaca". En Tristan Platt, *op. cit.* p. 88.

[19] "Los liberales defendieron entonces –o sea, durante la guerra– la restitución del pacto de reciprocidad entre las comunidades y el Estado, mientras que en el discurso presentado en 1880 por Camacho lo que se defendía era su conversión en colonos dependientes de los hacendados, quienes asumirían un papel paternal de adoctrinamiento." Marta Irurozqui Victoriano, *Élites en litigio. La venta de tierras de comunidad en Bolivia, 1880-1899*, IEP, Lima, Documentos de trabajo, Nº 54, 1993, p. 10.

> [...] los indígenas tenían una idea muy diferente sobre su rol dentro de la sociedad republicana y entendían su contribución a la nación a partir del tributo y de los servicios personales a través de los cuales debían mantener su estatus corporativo de antiguo régimen bajo la premisa del sostenimiento del pacto de reciprocidad con el Estado y de su autonomía territorial en una clara alusión al antiguo régimen colonial y a su lugar como ciudadanos "indios" tributarios dentro del contexto republicano. La lucha de los indígenas fue, de esta manera, una lucha por la defensa de las tierras de comunidad ante la agresión de los diferentes gobiernos que pretendían su abolición[20].

Con todo, lo que lo que los nuevos gobiernos liberales intentaron, una vez victoriosos y llegados al poder, fue tratar de incorporar a los indígenas dentro de la sociedad boliviana, de manera paulatina y subordinada. La relativa autonomía de la que habían gozado los indígenas ahora era vista como más peligrosa que nunca y por tanto, debía ser destruida. Este miedo se acrecentó, durante la guerra, debido los acontecimientos de la masacre de Mohoza (28 de febrero al 1 de marzo de 1899) en la que 120 soldados del bando liberal fueron masacrados por sus mismos aliados indígenas —aunque claro está, después de haber cometido múltiples abusos en la misma comunidad—. Este fue un duro despertar para los liberales, que ya empezaban a percibir que habían agitado el avispero. Pronto se empezó a hablar de la posibilidad de que la guerra derivase en lo que se llamó una "guerra de razas". Los indígenas habían demostrado ser un elemento peligroso en cuanto que eran un elemento difícil de controlar o de manipular. Es más, los acontecimientos de Mohoza eran prueba suficiente de que la verdadera lealtad de los indígenas se dirigía exclusivamente hacia su líder Zarate Willka por lo cual, una vez finalizada la guerra, el líder indígena fue apresado y fusilado.

---

[20] Pilar Mendieta, *op. cit.*, p. 311.

De ahí la urgencia de los nuevos gobiernos liberales en tratar de homogeneizar a la población, no en términos culturales, sino más bien en términos *cívicos*. La nueva tarea que se impusieron a partir de aquí, fue la de crear una *congruencia* entre los gobernados y los nuevos gobernantes; el Estado criollo ya no podía sobrevivir separado de la clase indígena y más bien, querían encontrar la forma de legitimarse ante ella sin renunciar a su poder o sus privilegios. En otras palabras, lo que los liberales percibieron, una vez obtenido el poder, fue que ya era hora de crear un verdadero sentimiento nacional en toda la población boliviana. Para ello, se valdrían de la implementación de sistemas educativos a gran escala y del servicio militar obligatorio para tratar de ciudadanizar al indígena.

Pero antes de saltar al periodo liberal, que es el periodo al que verdaderamente respecta a este trabajo, todavía se puede añadir, como colofón, una última cosa con respecto a los conservadores: la llegada al poder de Pando en 1899 en absoluto significó la desaparición de estas tendencias gamonalistas en Bolivia, sino, simplemente su desplazamiento hacia un espacio completamente diferente como lo era el Oriente boliviano del país. Dicha región –cuya presencia del Estado era mínima, y que oficialmente estaba ocupada por culturas nativas muy diferentes a las del altiplano boliviano, a las que simplemente se les calificaba de "salvajes"–, empezó a cobrar interés para este grupo en la primera mitad del siglo XIX. Según Irurozqui, "[…] el interés de los conservadores por agilizar la comunicación entre el Altiplano y las tierras del Oriente en los últimos años de su mandato puede interpretarse como parte de un proyecto de supervivencia de una fracción de élite, la chuquisaqueña, que se iba viendo progresivamente desbancada por la otra, la paceña[21]." Añadir además que fue precisamente durante la presidencia de Aniceto Arce, el periodo más representativo de dicho desplazamiento.

---

[21] Marta Irurozqui Victoriano, "élites en litigio…", p. 30.

4

LA IDEOLOGÍA LIBERAL

Para el momento en que los liberales finalmente tomaron el poder, ellos tenían la fuerte concepción de que el Estado, tal y como fue creado después de la independencia, había fallado. Su debilidad se manifestaba de una manera doble: por un lado, era incapaz de garantizar la paz y la estabilidad dentro de las propias fronteras y por otro, había sido inútil al tratar de defender las fronteras externas del territorio nacional. Esto, claro, originó una desconfianza hacia las instituciones, principalmente al ejército, y por ende, también un desprestigio hacia sus principales líderes y caudillos que hasta ese momento, se habían presentado incompetentes. Cómo bien lo resume Françoise Martínez, "[...] desde 1880, se había intentado asentar las bases de un nuevo orden político basado en un rechazo al militarismo caudillista que había gobernado a lo largo del siglo XIX. Los líderes políticos, desde entonces, si bien podían tener vínculos con el Ejército, como el mismo general José Manuel Pando, eran esencialmente civilistas.[1]"

Pero es incorrecto pensar que solo, la institución castrense era la única que se encontraba bajo escrutinio público. La llegada de los liberales a las altas jefaturas del Estado y su noción de "progreso", secundada por las teorías positivistas decimonónicas que se presentaban con fuerza por sí mismas, y que ya se habían entremezclado con una buena dosis de darwinismo social, no solo culpaba al modelo caudillista militar por el

---

[1] Françoise Martínez, "¡Que nuestros indios se conviertan en pequeños suecos! La introducción de la gimnasia en las escuelas bolivianas" en, *Bulletin de l'Institut Français d'Études Andines 28 (2)*, 1999, p. 371.

atraso nacional, sino que también hacía recaer la culpa, en gran parte, a los indígenas. Así por ejemplo, Irurozqui considera que:

> En 1899, en un contexto marcado por pérdidas territoriales y bajo la influencia del pensamiento pseudocientífico de jerarquización racial, el progreso nacional se interpretaba amenazado más que nunca por todo aquello que afectase la cohesión nacional. Ello provocó que dejase de confiarse en el poder benéfico de las instituciones republicanas y en la fuerza redentora del patriotismo para dignificar a la población, asentándose la idea de que, a causa de taras ancestrales y de un determinado origen étnico, muchos habitantes de Bolivia resultaban refractarios a la civilización y, con ello, al progreso moral y material del país[2].

Porque en este punto hay que recordar que la transición del siglo XIX al XX fue difícil para Bolivia: apenas se había terminado una guerra civil, y ese mismo año el país se había enfrascado en otros conflictos, esta vez contra el Brasil, en la llamadas Guerras del Acre (1899-1900 y 1902-1903). En la segunda ocasión, Bolivia "perdería" extensos territorios en su frontera amazónica[3]. De todas maneras, en este contexto de constantes pérdidas territoriales y debilidad institucional, es que Bolivia empieza a percibir su propia debilidad como Estado y, bajo el pensamiento científico de la época, Bolivia consideró que su debilidad se correspondía a su incapacidad, hasta ese momento, de poder constituirse como una verdadera nación. Pero, ¿cómo crear una nación allí donde hasta ese momento, había primado la diferenciación cultural? Pilar Mendieta nos dice a este respecto que:

---

[2]   Marta Irurozqui Victoriano, "¿ciudadanos armados o traidores de la patria? Participación indígena en las revoluciones de 1870 y 1899" en, Íconos. Revista de Ciencias Sociales N° 26, FLACSO, 2006, p. 42.

[3]   La razón de las comillas se debe al hecho de que Bolivia reivindicaba estos territorios como suyos, aunque realmente puede ser objeto de debate la cuestión de si el Estado boliviano realmente tenía soberanía efectiva sobre estos.

El dilema para la élite consistía en cómo forjar una nación sin renunciar a un tipo de sociedad excluyente que los beneficiaba. Lo que estaba en juego era cómo y dónde situar a los pueblos originarios en los márgenes de la sociedad moderna. La idea esbozada por los liberales consistió en el disciplinamiento de la raza indígena a través de una política social tutelada y su conversión en ciudadanos pacíficos dispuestos a aceptar su situación de subordinación. Este proyecto estratégico encajó con una ambiciosa agenda política para limitar las fronteras de la sociedad civil, repudiar los valores de la soberanía popular y justificar la modernización de un sistema de castas colonial bajo la apariencia de una retórica burguesa e integracionista[4].

Pese a todo, crear una nación se vislumbraba como algo crucial para la nueva élite gobernante. Obviamente todo esto se traducía en una suerte de nacionalismo "oficial" o de "Alta Cultura", según el autor que se lea, pero de todas formas, y como bien señala Irma Lorini en su libro, *El nacionalismo en Bolivia de la pre y posguerra del Chaco (1910-1945)*, "[…] la idea de consolidar la "nación boliviana" surgió, pese a todo, en la época liberal[5]". Por supuesto, esto era cosa más fácil de decir que de hacer porque para ello, debían sortear un doble problema: la barrera de la lengua y la de la etnicidad.

Antes de continuar, me gustaría dar un comentario sobre la filosofía de la época. El problema que hoy tenemos al analizar estos temas, es que cuando hoy en día pensamos en la filosofía positivista, tendemos verla simplemente como mera teoría epistemológica y olvidamos que, como método científico, en su época también quiso tener finalidades prácticas. Dicho de un modo más simple, si los problemas podían ser percibidos e identificados a través de la razón, por tanto, también podían ser resueltos a través de la misma razón. Desde esa perspectiva, los problemas raciales

---

4   Pilar Mendieta, *op. cit.*, p. 280-281.

5   Irma *Lorini, El nacionalismo en Bolivia de la pre y posguerra del Chaco (1910-1945)*, Plural, La Paz, 2006, p. 65.

no tenían por qué ser diferentes. De ahí que un teórico como Howard Wiarda, cuando creó su teoría del corporativismo, al analizar el caso latinoamericano, viera en el positivismo decimonónico un equivalente a la ideología corporativista europea que para entonces se empezaba a consolidar:

> Latin America, unlike Europe, did not have a long history of corporatist ideological writings in the nineteenth century, but it did have positivism. With its emphasis on order, progress, top-down, and integral rule, positivism in Latin America was ideologically parallel to corporatism and also helped to perpetuate the power of Latin America's elite groups.[6]

Los mismos intentos de proteger el "patrimonio común[7]" de posibles enemigos externos (y también de los internos), ya demostraba de por sí una actitud altamente corporativizada en los criollos. Por tanto, en el caso en el caso boliviano, el uso del positivismo no hacía más que reforzar las jerarquías sociales, aunque esta vez desde una nueva óptica: primeramente se trató de implementar una síntesis cultural y, posteriormente, una racial. Porque a diferencia de estados previos de la sociedad boliviana en donde la diferenciación cultural entre las diferentes castas era vital, ahora, según esta visión, era una molestia que debía ser franqueada. Vale decir, debían destruir los propios intereses corporativistas de su clase antagónica, es decir, los indios, e incorporarlos en su propio proyecto, aunque de manera subordinada: en lugar de ser un indio tributario, pasar a ser un "colono"

---

6 [América Latina, a diferencia de Europa, no tuvo una larga historia de escritos ideológicos corporativistas en el siglo XIX, pero si tenía al positivismo. Con su énfasis en el orden, progreso y principio integral de arriba abajo, el positivismo en América Latina fue ideológicamente paralelo al corporativismo y también ayudó a perpetuar el poder en las élites Latinoamericanas]. Howard Wiarda, *op. cit.*, p. 80. La traducción es mía.

7 El término original acuñado por Borojov sería el de "patrimonio nacional", pero que en este caso, podría sonar algo anacrónico y por tanto, prefiero utilizar el término de "patrimonio común".

dentro de las haciendas, un minero dentro de las minas o un soldado dentro del ejército.

Dicho esto, y volviendo al tema del "problema indígena", lo verdaderamente interesante no es analizar cómo los liberales de la época correlacionaron el atraso nacional con las supuestas taras raciales indígenas, sino más bien, cómo trataron de "solucionar" dichas taras. El entusiasmo de los primeros gobiernos del siglo por mejorar el sistema educativo nacional, hace entrever que, para los liberales, esa solución pasaba por la educación. Por supuesto, para ello primeramente había que sortear la barrera de la comunicación y por tanto, la expansión del idioma español, se vio como una suerte de urgencia nacional, porque, como bien nos recuerda Eric Hobsbawn, "donde existe una lengua literaria o administrativa de élite, por pequeño que sea el número de los que la usan, puede convertirse en un elemento importante de cohesión protonacional"[8]. En todo caso, evidentemente este es el primer momento en el que verdaderamente se trató de implementar un cierto tipo de homogeneidad entre la población: la homogeneidad lingüística. En todo caso, siempre resulta más fácil decirlo que hacerlo. Entre los obstáculos con los que se encontraron para realizar dicha tarea, no solo se encontraba la pobre infraestructura educativa sino también, un déficit crónico del presupuesto con respecto a la educación. De todas maneras, fue el presidente Pando quien por primera vez tomó algunas medidas pensadas en el mejoramiento de la educación. Así pues, "el primer gobierno liberal promulgó en 1900 una ley y un código para regular la educación. Estos tuvieron la función de uniformar los métodos de enseñanza en todas las instituciones educativas del país, incluidas las escuelas particulares[9]".

Pero de todas maneras, estas acciones no tuvieron consecuencias inmediatas. Cuatro años después de estas medidas, en un mensaje a la nación

---

[8] Eric Hobsbawn, *op. cit.*, p. 68. Hobsbawn consideraba que, aparte de la lengua, existían dos formas de protonacionalismo adicionales: la étnica y la de la comunidad histórica.

[9] Irma Lorini, *op. cit.*, p. 68.

por las fiestas patrias del 6 de agosto, y a manera de despedir su gestión, el presidente Pando se expresaba así sobre el asunto de la educación indígena: "[…] es necesario, por honra nuestra, que extendamos los beneficios de la enseñanza a la clase indígena; abrigo el arraigado convencimiento de que ella es apta para el progreso, y no merece el desdén con que la miramos, por prejuicios que datan desde el coloniaje español[10]", lo cual puede interpretarse como una admisión implícita de que su proyecto de reforma educativa no tuvo el éxito deseado, al menos con respecto a la educación indígena. Es más, tendría que pasar un quinquenio más para que se fundase la primera Escuela Normal de Bolivia. Sorteando varios obstáculos, el Ministro de Instrucción Daniel Sánchez Bustamante, reconocido educador boliviano de la época, y ya bajo el auspicio del presidente Ismael Montes (1904-1909) logra fundar, al fin, la Escuela Normal de Sucre en junio de 1909, con el pedagogo belga Georges Rouma como primer director. Para entonces, la importancia de la expansión de la lengua española era cada vez más explícita, así por ejemplo, según Lorini, "Sánchez Bustamante enfatizó la necesidad de enseñar a leer y escribir en castellano, el 'lenguaje nacional'"[11].

Existen, sin embargo, diferentes formas de interpretar la necesidad del Estado liberal por fomentar la educación. Tomemos por ejemplo un estudio sobre el estado de la educación durante este mismo periodo de Weimar Iño. Este, al considerar que la economía del país se basaba casi principalmente en exportaciones (entre las que se encontraba el caucho, la quinua, la plata pero sobre todo el estaño), cree que, "este modo de producción tecnificado del sistema capitalista, necesariamente exigía una mejor preparación de la mano de obra y una mayor cultura. Por consiguiente, hubo que pensar en el mejoramiento y ampliación del sistema educativo[12]". Por tanto, Iño

---

[10] *El Estado*, 6 de agosto de 1904.

[11] *Ibídem*, p. 71.

[12] Weimar Giovanni Iño Daza, "La reforma educativa liberal (1899-1920): modernización de la educación pública en Bolivia" en, *Estudios Bolivianos Nº 16*, 2012, p.164.

ve en la implementación de una mejora del sistema educativo tan solo una optimización de las relaciones sociales de producción a favor de los empresarios capitalistas. Esto, claro, solo refuerza la idea de que, para el momento que los liberales habían tomado el poder, la sociedad había logrado experimentar ciertos cambios sociales desde la creación de los primeros ferrocarriles durante la etapa conservadora.

Otra forma de ver el problema de la escolarización universal, mucho más estimulante, es el propuesto por Brooke Larson, y que considera que este problema venía a raíz de un problema que no se había calculado. La continua expansión del latifundio, sobre todo en el altiplano boliviano, empezó a hacer sentir sus efectos a principios de siglo XX en las urbes bolivianas (pero sobre todo en La Paz). Estas ciudades, empezaron a sufrir una mutación y crecimiento demográfico sin parangón, lo que hizo que los criollos, se sintieran de alguna manera "avasallados". Por ende, fue en este periodo tan corto, en el que las fronteras de la "república de españoles" y la "república de indios" empezaron realmente a difuminarse:

> A medida que se endurecía la lucha por las tierras indígenas, la ciudad de La Paz experimentó un flujo de refugiados aimaras que escapaban de las amenazas de la violencia rural y el despojo de tierras. La ciudad letrada, en otras palabras, estaba siendo asaltada por las fuerzas reales y tangibles de la modernización. La aimarización de La Paz se intensificó durante los años del auge liberal de inicios del siglo XX, llegando a servir como lugar de refugio y de protesta para los ex-comunarios, así como de caótica feria callejera para los comerciantes, mercaderes y trabajadores aimaras.[13]

Por tanto, Larson ve el problema de la castellanización indígena, al menos en un primer momento, como una necesidad urgente para los

---

[13] Brooke Larson, "la invención del indio iletrado: la pedagogía de la raza en los Andes bolivianos" en, *Formaciones de Indianidad. Articulaciones raciales, mestizaje y nación en América Latina*, edit. Envión, s/d, 2007, p. 122.

criollos debido al tremendo choque cultural que se vivió. A través de la educación, se tenía la esperanza de poder "civilizar" al indígena y por tanto, hacer la convivencia mutua un poco más aceptable. Esto, claro, no impidió que a la larga los mismos liberales no sacaran ventaja de la alfabetización indígena. Recordando que por aquel entonces el voto universal aun no existía y que los únicos que tenían derecho a votar eran aquellos que contasen con una serie de requisitos, entre los que se encontraba el de saber leer y escribir, Larson hace una interrelación entre el pacto político y la educación. Así pues:

> Los pactos clientelistas fueron parte del liberalismo popular y de la política electoral en las áreas rurales de toda América Latina, de manera que no debe sorprender que el tema de la alfabetización popular estuviera indisolublemente ligado con la política partidaria y sus preocupaciones de clase y raciales acerca de la participación india en las elecciones y otras formas de política nacional.[14]

Estas son dos formas de ver el problema: por un lado considerar que lo que se quería era formar un ejército proletario, la otra, que se trataba solamente de puro proselitismo político. Sin embargo, tengo que decir que ambas visiones pueden llegar a ser demasiado extremas. Ninguna de las dos pone en relieve el hecho de que, pese a que los criollos evidentemente se podían beneficiar de la situación, en última instancia sí podían estar verdaderamente interesados en crear un Estado nacional. ¿De qué manera entonces se puede entender el entusiasmo indígena hacia este tipo de proyectos? Porque pese a que el gobierno se vio incapaz desde un primer momento de cumplir sus propias metas, si uno lee la prensa de la época a partir del año 1900, uno puede evidenciar que efectivamente los indígenas estaban entusiasmados con la idea de tener centros educativos propios. Por ejemplo, un columnista testigo de todos estos sucesos llegó a escribir en la época: "Algo se ha avanzado en este propósito y se nota el verdadero

---

[14] *Ibídem*, p. 128.

entusiasmo en algunas agrupaciones de indígenas que ofrecen su trabajo gratuito a fin de obtener los rudimentos de instrucción primaria a que pueden unirse algunos conocimientos prácticos de agricultura[15]". Aunque claro, esto es un argumento más a favor para la teoría de Larson de que los indígenas deseaban educarse para tener derechos cívicos, esto no significa que los criollos no quisiesen realmente crear una comunidad nacional: simplemente la envergadura de la obra era demasiado grande y costosa para considerar que los beneficios electoralistas estuviesen por encima de los costos.

En resumen, si solo se ve el problema de la escolarización desde la perspectiva de los intereses económicos o el proselitismo, el objetivo central de la escolarización termina por perder su profundidad. Porque la verdadera finalidad de la castellanización fue la de crear, a la larga, una verdadera noción de comunidad, aunque una comunidad bien entendida a *su* manera: porque esta concepción liberal de nación, esperaba que los indígenas aceptaran su rol subordinado *voluntariamente*. Si no hubiese sido así, las razones para tratar de costear el futuro sistema educativo nacional no habrían existido. Como ya se dijo, simplemente esta tarea fue demasiado costosa y complicada: los beneficios de mantener una ventaja electoral por medio de este "chantaje" social –dar la ciudadanía a estos grupos a cambio de su voto electoral–, simplemente debieron de ser muy inferiores a los costos de tamaña obra, amén del hecho de que una vez educados no había garantía de que permaneciesen leales al partido Liberal.

De todas maneras, lo que se esperaba era que a través de la educación, o mejor dicho, a través de la "instrucción" se pudiese mejorar el comportamiento de la raza indígena más acorde, no solo a los cánones occidentales, sino también a las necesidades del Estado. Como correctamente apunta Françoise Martínez, "en la jerarquía de sociedades que se desprendía de la teoría evolucionista muy de moda en aquel

---

[15] *El Estado*, 16 de octubre de 1900.

entonces, los pueblos se clasificaban por su grado de "civilización" y los Liberales consideraron que ese grado de "civilización" estaba estrechamente vinculado con un proceso de mejoramiento físico de la raza.[16]" Un ejemplo interesante de todo esto puede encontrarse en el cómo los pensadores de la época correlacionaban el problema del alcoholismo con el de la raza. El mismo Sánchez Bustamante, en un extenso artículo en el periódico oficial de la época, El Estado, consideraba que:

> Muchos individuos pueden no ser viciosos o alcohólicos, y sin embargo engendran hijos degenerados, por lo que generalmente llenan las funciones sexuales en estado o de completa embriaguez o de simple excitación alcohólica, y es un hecho observado que las personas que se encuentran bajo la influencia del alcohol buscan los placeres de la unión sexual, de donde nacen niños epilépticos, idiotas o criminales[17].

De más está decir que Sánchez Bustamante estaba interesado en el problema del alcoholismo entre la población indígena, y como buen pedagogo, pensaba que dicho problema podía ser resuelto por medio de la educación. Pero claro, "civilizar" al indígena significaba algo más que solo el posicionamiento formal hacia un tipo de moralismo, sino que correspondía a cálculos relativamente bien estudiados desde su perspectiva. ¿Por qué a los criollos –y a los liberales principalmente–, les preocupaba el tema del alcoholismo indígena? Una respuesta indirecta la podemos encontrar en el comentario de un columnista de la época sobre el estado y el futuro de la agricultura: "nuestro país presenta todos los caracteres de una sociedad adulta que pugna por salir del marasmo de la agricultura rudimentaria y homogénea para emprender la vida agitada y multiforme del tipo industrial[18]". Por supuesto, cuando se habla del "marasmo de la

---

[16] Françoise Martínez, *op. cit.*, p. 383.

[17] *El Estado*, 6 de julio de 1900.

[18] *El Comercio*, 16 de enero de 1902.

agricultura", en gran medida también se habla indirectamente aquí de los indígenas y, por supuesto, del problema de alcoholismo que asolaba a este grupo. Por tanto, la solución a la vista de un positivista como Bustamante era obvia: si se libraba al indígena de las garras del alcoholismo, este podría ser más eficiente en su trabajo agrícola –o cualquier otro tipo de trabajo en realidad–, además de cortar de raíz la preocupación de que engendrasen niños "idiotas o criminales", y para ello, el instrumento de la educación era esencial. En otras palabras, y siguiendo la línea de pensamiento de la época, si se quería una nación civilizada, lo primero era tratar de civilizar al componente más débil (o sea, los indígenas), a través de políticas sociales o educacionales consideradas, para la época como "racionales".

De aquí se desprende una obviedad: la reforma educativa liberal no era otra cosa que un proceso de occidentalización de la raza indígena. Aunque en el ejemplo anterior se utilizó el motivo de la agricultura, todo esto no necesariamente se reduce a esta área: educar al indígena no solo podía llegar a hacerlo un mejor agricultor, sino también un mejor soldado, un mejor trabajador. De ahí que la educación indígena pasara a formar una política de Estado como evidencia el hecho de que el sucesor de Pando, el presidente Ismael Montes, tratara de continuar con esta obra llegando incluso a extremos, como los curiosos experimentos pedagógicos que se dieron en su gestión, como por ejemplo, la incorporación, dentro de la malla curricular, del modelo de gimnasia sueca, con la esperanza de mejorar en los indígenas, por medio de la educación física, sus capacidades manuales y de campo[19].

---

[19] "El lema liberal de 'orden y progreso' encontró, con el desarrollo de la educación física, sus ejercicios prácticos de aplicación. Desde los programas de instrucción primaria de 1905, los niños debían aprender movimientos tales como "alineación, numeración, tomar las distancias, cerrar filar, medias vueltas, marchas en varias direcciones etc.[...], o sea una serie de ejercicios físicos que podemos equiparar a cierto orden militar, aunque no en el sentido de la educación física de Francia o Alemania que apuntaba a la formación de un ejército potencial, sino más bien persiguiendo un objetivo de disciplina y obediencia. Y esto era precisamente lo que más podía satisfacer a la aspiración civilista de buena parte de los Liberales: orden militar sin militarismo." *Ibídem*, p. 378.

Aun así, no todas las visiones positivistas de la época eran miradas con tanta aclamación. En Alcides Arguedas y su obra, *Pueblo enfermo*, publicada en 1909, se puede apreciar la más grande excepción. En su polémica obra, denuncia todos los males "endémicos" de la sociedad entre los que se encontraban desde la misma geografía del país hasta la variedad de sus elementos étnicos. Hablando, por ejemplo, de la infraestructura caminera del país este decía que:

> Esta falta de caminos y los pocos y difíciles medios de comunicación entre todas las ciudades, hace que entre ellas no haya relaciones comerciales, sino simple cambio de correspondencia postal. Consérvanse, por consiguiente, en algunas de ellas, puras y sin mezcla, las tradiciones legadas por los conquistadores, y vive latente el espíritu popular arrancado del mayor o menor predominio de la sangre indígena, ofreciendo el país espectáculo desconsolador desde el punto de vista del comercio, de la industria y, sobre todo, de la institucionalidad, pues está atacado de graves y hondos males provenientes, en primer término, de desgraciados atavismos y, en segundo, de una educación defectuosa e incompleta, o mejor, de la absoluta falta de educación; y para explicar este estado y como legítimo alegato en abono del relativo malestar del país, hay que insistir en declarar que es profundo el desacuerdo existente entre el territorio y la calidad de su población. Los elementos étnicos que en el país vegetan, son absolutamente heterogéneos y hasta antagónicos. No hay entre ellos esa estabilidad y armonía que exige todo progreso, pudiendo decirse que aún está en germen el carácter nacional propiamente dicho, y , por tanto, no se siente animado de impulso consciente, capaz de engendrar un movimiento de actividad creadora[20].

---

[20] Alcides Arguedas, *Pueblo Enfermo*, Librería editorial América, La Paz, [1909] 1996, p. 26.

El pesimismo arguediano solo puede ser interpretado a través de la contradicción existente entre la teoría positivista, que auguraba el progreso, y la propia realidad del país que se negaba a avanzar, a "progresar" según la teoría. De ahí que se empezase a considerar al país mismo como una causa perdida para el proyecto civilizatorio. Pero el principal error de Arguedas fue que jamás se le pasó por la cabeza que la teoría positivista que manejaba no encajaba con la propia realidad del país; dicho de otro modo, en lugar de ajustar la teoría al país, prefirió ajustar el país a la teoría. Por tanto, al ser al ser un problema irresoluble, esta interpretación positivista de la realidad boliviana optó por la desidia y la apatía.

En todo caso, una obra que reflejaba mejor el entusiasmo y la fe hacia la ciencia, apareció al año siguiente, en 1910, de la mano de Franz Tamayo. Su libro, *Creación de la pedagogía nacional*, estaba más acorde con el optimismo general de la época y por tanto, recibió una buena acogida. Aunque Tamayo también manejaba muchos de los estereotipos racistas de principios de siglo XX –de hecho, era un ferviente convencido de que una educación diferenciada para las diferentes razas era esencial para futuro nacional–, en sí la obra daba un sustento teórico a la creencia de que todo atraso biológico podía ser compensado o encausado a buen rumbo a través de la educación y de la instrucción.

Pero tal vez lo más interesante de la obra de Tamayo es que fue el primer intelectual boliviano que empezó a teorizar sobre los mestizos y la importancia potencial que este grupo tendría en el futuro nacional[21]. Desde este punto se empezó a jugar –y utilizando una expresión de Carlos Piñeiro–, con la idea de una "síntesis racial". Según él, la nación boliviana eventualmente se iría mestizando paulatinamente hasta alcanzar la ansiada "nación boliviana". Según Piñeiro, en la obra de Tamayo, "el mestizo

---

[21] Con todo, esto no significa que los mestizos, como grupo, no sintieran la necesidad de crear un tipo de identidad colectiva, de manera empírica, desde épocas tan tempranas como la colonia. Ver el estudio de Luis Miguel Glave, *De rosas y espinas. Creación de mentalidades criollas en los Andes (1600-1630)*, IEP, Documentos de trabajo N° 52, 1993.

tiende a ser idealizado y puesto como futuro de la nación, pero cuando se presenta concretamente como el *cholo* del altiplano, es rechazado.[22]" Pero este rechazo al *cholo* se debe al hecho de que, a sus ojos, este es una versión perversa y corrupta de lo que podría haber sido lo boliviano y que no pudo llegar a ser, al menos en su momento. Porque aunque el mestizo tenía potencial, estaba infectado de una falta de moralidad que era herencia de su parte española. Ante esto, Tamayo asume durante gran parte de la obra una posición más que todo moralista:

> Hay que enseñar el orgullo personal y señoril, que más tarde se traducirá en orgullo nacional; hay que enseñar el dominio de sí mismo, e instituir el culto de la fuerza en todas sus formas; hay que enseñar el gusto de vencerse, el desprecio de los peligros, el desdén a la muerte, y de todo lucro de vida que sea enervador de la misma; hay que enseñar el amor de la acción en todas sus formas, y combatir la pereza de la raza, secular y tradicional.[23]

Esta argumentación de Tamayo, se puede entender como un llamado a combatir la propia "naturaleza" nociva de las mismas razas y para ello, el papel de la educación una vez más era preponderante. En su concepción, el nivel de instrucción de las personas estaba estrechamente relacionado con el carácter moral que debía obtener teóricamente la nación. Es por todo esto que para Tamayo, la creación de una eficiente pedagogía nacional no solo era necesaria sino hasta urgente, puesto que según él, la inteligencia del mestizo que era, según sus palabras, de tipo "imitativa", podía llegar a

---

[22] *Ibídem*, p. 89.

[23] Franz Tamayo, *Creación de la pedagogía nacional*, Librería edit. América, La Paz, [1910] 1994, p. 63. Pero hay que hacer notar que esta visión que se tenía del mestizo estaba completamente basada en un tipo de mestizo específico: el aimara. En parte esto se debe a que el mismo Tamayo era un mestizo descendiente de aimaras. En su visión aimarista, generalizó en su época a todos los mestizos dentro del mismo saco y no consideró que podían existir otros tipos de mestizos, como aquellos provenientes de las regiones del valle boliviano, como los quechuas, o incluso aquellas de culturas mucho más orientales. En todo caso, esta visión "tamayiana" sobre lo mestizo, basado en lo aimara, se volvió la norma referencial, en la concepción de la época, cuando se hablaba de los mestizos.

ser una ventaja o una desventaja dependiendo del tipo de instrucción –o de la falta de esta–, que este recibiera[24].

Pero aquí es donde se pueden observar las falencias del pensamiento tamayano incluso en su época: este jamás consideró que los mestizos, como grupo, pudiesen ser capaces de conducir su propio destino. Porque hay que hacer notar que el *cholo*, ya desde esa época, empezaba a cobrar relevancia en la sociedad. Antes de la época liberal, ya sea como individuo o como parte de un grupo, el mestizo casi siempre fue excluido por doble partida; tanto por los criollos como por los indígenas. El estereotipo principal que estos acarreaban, era que eran seres oportunistas y arteros, aunque nadie se paraba a considerar que su rechazo por ambos mundos había contribuido a fomentar dicha situación. De todas maneras, su situación intermedia les obligaba a cuestionarse constantemente su lugar en la sociedad, aprovechando cada oportunidad que se les presentaba entre ambos mundos. De todas maneras, este tipo de exclusión es la que permitió a los mestizos, al fin de cuentas y a mi parecer, ser el grupo menos conservador de todos los grupos demográficos de Bolivia; mientras los indígenas seguían obsesionados con mantener el antiguo pacto de reciprocidad y los criollos, aun soñaban con "destinos de casta", los mestizos o *cholos* no se encontraban intrínsecamente ligados a nada y por tanto, estos fueron capaces de aceptar el sistema capitalista sin ningún tipo de quiebre doloroso. No es extraño, por tanto, que muchos de estos fueran los que al final se terminaron formando como comerciantes o empresarios y que empezaron a formar esa nueva "clase media" que se estaba empezando a formar ya incluso desde finales del siglo anterior[25].

---

[24] "El mestizo americano, aunque no haya salido de América ni haya cultivado su inteligencia, apenas comienza a concebir, tuerto o derecho, común u original, lo que concibe tiene siempre un módulo y un sello europeos. Esta es una de las razones (hay otras) de la característica imitatividad del pensamiento americano respecto al europeo". Franz Tamayo, *op. cit.*, p. 72.

[25] "Resulta importante destacar aquí que la clase media había tenido en Bolivia un incremento cada vez más significativo. Eran principalmente artesanos, comerciantes, pequeños y medianos empresarios (también mineros), funcionarios de la administración estatal, y propietarios de haciendas. Esta clase media fue principalmente relevante desde fines del

Por otra parte, el crecimiento de esta nueva "clase media" es significativo en cuanto empieza a demostrar que el sistema social de jerarquización racial, empezaba ya a tener cada vez menor relevancia gracias al mismo fenómeno del capitalismo, que para entonces, empezaba a consolidarse en el país. Esto no significa que problemas como el racismo o el corporativismo desaparecieran, pero sí significaba que ahora los individuos tenían la posibilidad de ascender socialmente gracias a su éxito personal en los negocios o el comercio. Por ende, esta se convirtió en una clase con cierta preponderancia económica que simplemente no podía ser ignorada. De alguna manera, el capital homogeneiza a la población al quitarle a las jerarquías sociales cualquier significación. Para el capitalismo, no es importante saber quién fuiste o quienes fueron tus antepasados, simplemente le interesa "hacer negocios".

Este es el punto en que la ideología del multiculturalismo liberal sobrepasó por amplio margen a los intereses corporativizados. Las ideologías, por su parte, se basan en la creencia (o en la ilusión) de que un conjunto de expectativas sobre la sociedad, pueden llegar a ser de alguna manera satisfechas. Algunos eruditos, como Terry Eagleton, incluso pueden llegar más lejos en este tipo de aseveraciones. En su libro, *Ideología. Una introducción,* llega a afirmar que "las ideologías que tienen éxito deben ser más que ilusiones impuestas y [...] deben transmitir a sus súbditos una visión de la realidad social que sea real y suficientemente reconocible para no ser simplemente rechazadas inmediatamente[26]". Siguiendo esta misma óptica, el nacionalismo liberal, como ideología, se basa en la creencia de que aunque la mayoría de los individuos que componen una sociedad, no serán capaces de sacar grandes ventajas de este patrimonio común (es más, a la hora de la verdad, serán muy pocos los que podrán explotar todas

---

siglo XIX, pero mucho más durante las primeras décadas del presente siglo". Rene D. Arze Aguirre, "Notas para una Historia del siglo XX en Bolivia" en, *Bolivia siglo XX: la formación de la Bolivia contemporánea,* Harvard Club de Bolivia, La Paz, 1999, p. 50.

[26] Terry Eagleton, *Ideología. Una introducción,* Paidos, Barcelona, 1997, p. 36.

estas riquezas a cabalidad), de todas maneras, la idea de que eventualmente podrán llegar a hacerlo, prevalece. Por eso es que el liberalismo y el capitalismo siempre van de la mano, dentro de este tipo de sistema existe la concepción de que no todos podemos ser millonarios, pero la posibilidad de que cualquiera se vuelva un magnate, al mismo tiempo está abierta para todos.

Pero de aquí deviene una de las contradicciones más fundamentales del nacionalismo liberal: por un lado, el mismo término "nacionalismo" evoca un cierto sentido de solidaridad entre los semejantes; por el otro, sus individuos, si estos son capaces de establecerse en una situación de privilegio y poder, son el epítome del egoísmo y la envidia que es capaz de traspasar incluso las fronteras nacionales. Y estos son así, porque un verdadero capitalista es un insatisfecho por excelencia: no está contento ni con su propia riqueza, ni con su estatus social, ni con nada. Porque este es el problema fundamental de la insatisfacción capitalista de los hombres modernos: una vez desencadenada, sus coordenadas no pueden ser cerradas objetivamente.

La faceta más extrema de este tipo de individuos puede ser fácilmente encontrada en los llamados "barones del estaño": Mauricio Hochschild y Carlos V. Aramayo, pero sobre todo en la persona de Simón I. Patiño. Estos modelos de empresarios exitosos fueran admirados, pero al mismo tiempo envidiados y odiados, en su propia época. Porque a diferencia de las oligarquías anteriores como las de la plata, este nuevo tipo de magnate del estaño, adoptó una actitud que bien puede ser identificada como cierta clase de "cosmopolitismo", pero que, a ojos de sus coetáneos, bien podía llegar a verse incluso como antipatriótica. Curiosamente, los teóricos liberales de la época obtuvieron lo que quisieron y, al igual que a la criatura de Mary Shelley, le tuvieron miedo; porque aunque este nuevo modelo de empresario exitoso era mucho más dinámico que el anterior, al mismo tiempo, era mucho más desapegado sobre el futuro destino nacional.

Este tipo de actitud cosmopolita –la cual, por cierto, carecían sus contrapartes mineras de la plata–, es identificada por Zygmunt Bauman como un síntoma de las sociedades modernas, como un tipo de *postpanópticismo*. Según él,

> La principal técnica de poder es ahora la huida, el escurrimiento, la elisión, la capacidad de evitar, el rechazo concreto de cualquier confinamiento territorial y de sus engorrosos corolarios de construcción y mantenimiento de un orden, de la responsabilidad por sus consecuencias y de la necesidad de afrontar sus costos.[27]

En lo único que difiero es en el hecho de que esta nueva práctica del manejo del poder sea tan contemporánea como Bauman parece pensar. En el caso boliviano, al menos, ya se pueden encontrar antecedentes de este tipo de actitudes en las figuras de los grandes mineros de la época que conformaron, lo que algunos historiadores del país llamaron, un "Superestado minero". Porque a diferencia de sus predecesores mineros más conservadores como Arce, Aramayo o Pacheco, que habían incurrido activamente en la vida política del país, esta nueva élite prefería no entrometerse directamente con los asuntos del Estado ni sus responsabilidades relacionadas. Esto no impidió, claro que tuvieron un gran peso e influencia sobre él, y de ahí el mote de "Superestado". De hecho, es interesante constatar que sus más grandes problemas empezaron cuando esta estrategia fue abandonada, al enterarse que sus trabajadores mineros intentaban organizarse en sindicatos para hacer valer sus derechos. Erick Langer, en un estudio sobre la economía estañífera del país resume esta posición cuando explica que:

> El problema surgió cuando los grandes mineros intentaron dominar el proceso político dentro del país. De esta suerte, la presión externa se transformó, mediante la política, en una presión interna. A principios del Siglo XX, los obreros de las minas intentaron organizarse en

---

27 Zygmunt Bauman, *op. cit.*, p. 17.

sindicatos pero los dueños de las minas estaban completamente en contra del sindicalismo y trataron de aplastar al movimiento obrero. Al principio, tuvieron éxito, pero su rechazo total provocó más bien la radicalización de los trabajadores mineros. Así, en la segunda década del siglo, las organizaciones obreras pasaron de ser meros grupos de ayuda mutua a verdaderas organizaciones sindicales que lucharon por el mejoramiento de las condiciones de trabajo[28].

De todas maneras, aunque el sentido de insatisfacción liberal evidentemente puede tener connotaciones negativas, no puede negarse que también puede tener características positivas. Porque si la insatisfacción también puede operar en los estratos populares, entonces esto explica, en parte, porqué el sindicalismo empezó a surgir justamente en el periodo liberal, pese a que los primeros ferrocarriles bolivianos, aparecieron durante el auge de la minería de la plata, durante los gobiernos conservadores[29]. Simplemente no puede ser una coincidencia que la búsqueda por mejores condiciones sociales haya aparecido en una época en la que todos sus individuos (incluyendo a los mestizos y a los indios, que ya para entonces, a todas luces, se habían "contagiado" de este tipo de insatisfacción), empezaban a manifestar sus propias inconformidades referentes a la propia situación social. No se puede estar sino de acuerdo con Hobsbawn cuando nos recuerda que "la adquisición de conciencia nacional no puede separarse de la adquisición de otras formas de conciencia social y política durante [este periodo]: todas van juntas[30]". Porque es claro que la idea de la alfabetización fue bien recibida por todos los estratos populares. Cómo bien demuestra Pilar Mendieta en su tesis doctoral, *Entre la alianza y la*

---

28 Erick D Langer, "Una mirada desde afuera" en, *Formación de la Bolivia contemporánea*, Harvard Club Bolivia, La Paz, 1999, p. 70.

29 "Los sindicatos obreros bolivianos tienen origen en la minería extractiva del mineral del estaño y en las asociaciones de trabajadores ferroviarios de principios del siglo XIX. Estos sindicatos obreros son influenciados por el *sindicalismo revolucionario*, ya sea de corte troskista o de corte marxista". Jorge Machicado, *Sindicalismo y el sindicato en Bolivia*, USFX-Facultad de Cs. Jurídicas y Políticas, Sucre, 2010, p. 5.

30 Eric Hobsbawn, *op. cit.*, p. 139.

confrontación, la necesidad de leer y escribir estaba íntimamente relacionada con la idea de la igualdad ciudadana y en parte eso también explica el por qué los indígenas vieron con buenos ojos la idea de ingresar al servicio militar, pese a las reticencias iniciales que tuvieron.

El anterior comentario merece una aclaración: el servicio militar no siempre estuvo abierto a los indígenas durante gran parte de la vida republicana. Aunque ya desde tan temprano como durante la presidencia del Mariscal Andrés de Santa Cruz, "el Estado boliviano [consideraba] como deberes del servicio militar obligatorio formar ciudadanos, transmitir valores de igualdad y participar en la política de la sociedad[31]", en la práctica esto no pudo ser así, puesto que los mismos indígenas consideraban que sus deberes con el Estado (el pago del tributo indigenal), era ya demasiado gravoso, y por tanto, al menos en teoría, el Estado los exentó de esta práctica[32]. Esto no resultó ser un problema para las clases gobernantes, ya que el ejército era, sobre todo, usado sobre todo como una fuerza de control y represión interna durante buena parte de la vida republicana del país. Juan Ramón Quintana nos dice, para dar un ejemplo, que durante la gestión del presidente Tomás Frías (1874 - 1876), en un nuevo intento por reformar al servicio militar obligatorio se aprobó la Ley Militar de 1875, y según su análisis: "la nueva ley dejó entrever que el interés por la institucionalización del [servicio militar obligatorio] no residía tanto en mejorar la organización de la defensa externa sino en garantizar el orden público[33]".

Con todo, pese al desprestigio que pudo haber tenido el caudillismo militar durante los primeros años del siglo XX, todavía se necesitaba que alguien salvaguardara las fronteras. Esa es una de las razones por la cual, el concepto del servicio militar jamás fue puesto en duda, es más,

---

[31] Wolf Gruner, *op. cit.*, p. 97.

[32] *Ibídem*, p. 99.

[33] Juan Ramón Quintana, *Soldados y ciudadanos. Un estudio crítico sobre el servicio militar obligatorio en Bolivia*, Ministerio de Trabajo, Empleo y Previsión Social, La Paz, 2016, p. 62.

irónicamente fue en esta época en la que se la empezó a extender a los estratos más populares. A partir de aquí, se admitió formalmente tanto a los indígenas como a los *cholos* dentro de las filas del ejército. Aunque en parte, esto se debió a que la inclusión de estos elementos iba más acorde a las nuevas sensibilidades democráticas que se manejaban, lo cierto es que esta medida también fue implementada por necesidades más urgentes dentro del ejército a finales del siglo XIX. Como bien lo resume Luis Oporto:

> La desesperación de las autoridades ante la falta de reclutas hizo que se incluyera a los indígenas, sin respetar ninguna atenuante. Las leyes de Conscripción de 1892 y 1907 incorporaron definitivamente a los indígenas al servicio militar, motivando un estado de convulsión social en las comunidades originarias, pues los indígenas tributarios siempre fueron considerados más como contribuyentes que como soldados. Esta medida fue inicialmente resistida por ciudadanos blancos y mestizos por el temor de que se formen grupos indígenas armados, con conocimientos de táctica y estrategia militar, y se volcaran contra ellos.[34]

Temor real en la época, pero infundado en buena medida, puesto que los indígenas estaban vetados tanto de los escalafones medios como de los superiores, relegándose a estos, generalmente dentro de la soldadesca, por lo cual, es poco probable que entre sus miembros alguna vez hubiese aparecido un Napoleón. Por otra parte, esta institución terminó siendo una representación simbólica de las jerarquías sociales dentro de la sociedad boliviana. En otro estudio sobre el servicio militar, Juan Ramón Quintana llega a decir, aunque sin especificar de dónde saca las cifras que:

> Pese a que el 75% del Ejército estaba conformado por indígenas y artesanos y apenas el 12% por estudiantes de núcleos urbanos, a principios del siglo XX, fue imposible democratizar el reclutamiento

---

[34] Luis Oporto Ordoñez, *Uncía y Llallagua. Empresa minera capitalista y estrategias de apropiación real del espacio (1900-1935)*, Plural, La Paz, 2007, p.131.

del cuerpo de oficiales. El Ejército reprodujo a imagen y semejanza de la época la estructura colonial que caracterizaba a la burocracia estatal. En el vértice de la pirámide jerárquica predominaban los oficiales blancos y mestizos y, en la base, los indios aymaras o quechuas con los sargentos como mediadores culturales.[35]

En todo caso, los indígenas, pese a su rechazo inicial a la idea de servir en el ejército, pronto supieron sacarle provecho a la nueva situación. Esto principalmente debido al hecho de que las reformas educativas propugnadas por los liberales, fueron a todas luces insuficientes como para lograr alfabetizar a un conjunto de la población tan basta y tan esparcida amén del crónico déficit presupuestario con el que contaba el país. De todas maneras Pilar Mendieta en su tesis demuestra que los indígenas sí que tenían un verdadero interés por alfabetizarse. Sabiendo leer y escribir, podían defender mejor sus comunidades en las cortes de justicia presentando, en muchos casos, títulos coloniales. De esta manera, el servicio militar se presentó a sí misma como una fuente más de alfabetización y así, "los comunarios se dan cuenta que mediante el servicio militar se podría lograr que los jóvenes se instruyan para luego servir a los suyos como alfabetizadores[36]". Aunque claro, esta necesidad de saber leer y escribir no se restringía solo a la defensa de la tierra, sino también ante "la posibilidad de obtener la deseada ciudadanía para ser tratados en igualdad de condiciones con los demás habitantes de Bolivia sin sufrir el rechazo atribuido a su ignorancia.[37]"

---

[35] Juan Ramón Quintana, "Entre la colonización del servicio militar y la interculturalidad de las Fuerzas Armadas" en, *Modernidad y pensamiento descolonizador. Memoria del seminario internacional*, U-PIEB/IFEA, La Paz, 2006, p. 121-122.

[36] Pilar Mendieta, *op. cit.*, p. 279.

[37] *Ibídem*, p. 302. Pero entonces, cabe aquí preguntarse, ¿qué es lo que querían realmente los indígenas, defender el pacto de reciprocidad o acceder a la ciudadanía? Aunque evidentemente al principio deseaban lo primero, lo más probable es que al final decidieran jugar a lo seguro yendo a por lo segundo. Para estas alturas, los mismos indígenas debieron darse cuenta que tratar de defender el pacto de reciprocidad era una causa perdida: simplemente al Estado ya no le interesaba su existencia.

Una forma de explicar este nuevo entusiasmo, es haciendo un parangón con un estudio sobre el servicio militar en los Estados Unidos, titulado *Citizens, soldiers and national armies*, de los autores Henry C. Dethloff y Gerald E. Shenk. En su trabajo, ambos investigadores ponen énfasis en el hecho de que aquellos que más defendieron el concepto de servicio militar, mientras aún existía en el país del norte, fueron aquellas personas que *todavía* no eran consideradas como ciudadanos antes de hacer su servicio militar; o sí se quiere, tenían que demostrar que podían llegar a ser buenos ciudadanos, como si de un ritual de paso se tratase. De esta manera:

> Some argue that the concept of "citizen," at least as far back as ancient Greece, applied exclusively to males who participated in the civic life of the state, which included military service. Citizen armies appear throughout modern western civilization. Suffice it to say that the definition of "citizen" in the early years of the nation's life was not clear. On the other hand, it was widely assumed that free adult males (over the age of 16) who resided within the territorial limits of the United States owed some form of service to the nation. But to make this a condition of "citizenship" would exclude women, children, and elderly males from citizenship. Nevertheless, *the idea that there was some kind of link between military service and citizenship acquired significant power, particularly to those males whose citizenship status was otherwise in question.* And it is these men (and then women in the late twentieth century), as much as any, who have insisted on and preserved the concept of citizen-soldier.[38]

---

[38] [Algunos argumentan que el concepto de 'ciudadano', al menos tan atrás como la antigua Grecia, se aplicaba exclusivamente a los hombres que participaban en la vida cívica del Estado, la cual incluía el servicio militar. Ejércitos ciudadanos aparecieron a través de la civilización occidental moderna. Basta decir que la definición de 'ciudadano' en los primeros años de vida de las naciones no estaba claro. Por otra parte, se asumió ampliamente que los hombres adultos libres (mayores de 16 años), que residieron dentro de los límites territoriales de los Estado Unidos debían algún tipo de servicio a la nación. Pero hacer de esto una condición para la 'ciudadanía' excluía a las mujeres, niños y a los ancianos de la ciudadanía. Sin embargo, *la idea de que existía algún tipo de vínculo entre el servicio militar y la ciudadanía adquirió un poder significativo, particularmente en aquellos hombres cuyo*

Se puede encontrar un paralelismo incluso hoy en día dentro de las filas de jóvenes comunarios que hacen el servicio militar como si se tratase de una "cuestión de honor". Porque la razón por la que el servicio militar pasó de ser algo repudiado a una actividad tan bien apreciada dentro del componente indígena, en tan poco tiempo, se debe justamente a que quería demostrar, más que nadie, su lealtad hacia el Estado. Puesto que al indígena se lo menospreciaba y, en cierta medida se le temía por su carácter subversivo, se sentían presionados ante la sociedad de demostrar que eran igual de bolivianos como todos los demás.

El proyecto de "ciudadanización", por tanto, por supuesto que era algo que interesaba a las élites en el poder. Con lo que tal vez no contaron, es que este mismo proyecto podía llegar a ser igual de importante para los estratos más populares. Esto es significativo de remarcar, puesto que la ciudadanía entendida por los liberales en el poder, todavía estaba cargada con los conceptos científicos de la época que apoyaban la tesis de que solo algunas razas eran idóneas para ser civilizadas. De ahí que buscaran cierta "homogeneidad cultural" para crear a la ansiada nación boliviana. Dicha homogeneidad, entendida por los liberales, se basaba principalmente, en términos lingüísticos y, posteriormente en términos raciales étnicos. Lo más probable es que los liberales pensasen que este cambió sería gradual, lo cual tiene lógica, ya que de esta manera permitiría a la élite gobernante retener su lugar privilegiado en el poder so pretexto de la superioridad racial, al menos hasta que llegase la llamada "síntesis racial". Pero con lo que no contaron fue que, una vez abierta la carta de la ciudadanía a los estratos más populares, esta era una situación de la cual era difícil volver atrás: ellos sabían muy bien las ventajas que representaba ser un ciudadano de pleno derecho.

---

estatus de ciudadanos era cuestionado. Y fueron estos hombres (y luego mujeres a mediados del siglo XX), tanto como cualquiera, quienes han insistido y preservado el concepto de ciudadano-soldado]. Henry C. Dethloff y Gerald E. Shenk, *Citizen and soldier. A sourcebook on military service and national defense from colonial America to the present*, Routledge, Nueva York y Londres, 2011, p. 26. La traducción y las cursivas son mías.

Aunque los problemas lingüísticos o raciales permanecieron anclados todavía en la mentalidad de las personas, realmente pasaron a un segundo plano al crearse un tipo de homogeneidad que estaba más basada en la posición económica y social proveniente de los ingresos y la educación. Debió ser un gran balde de agua fría para los liberales que, lo único que habían conseguido con sus políticas fue crear un ser mucho más consciente de sus propios derechos, como lo demuestra los primeros intentos de organizarse sindicalmente en la época o las constantes disputas legales que estos hacían en las cortes por la defensa de sus derechos sobre la tierra[39]. Por otra parte, también debió de sorprenderles que estos individuos, mucho más inmersos en la lógica capitalista, pudieran llegar a ser mucho más egoístas e indiferentes con sus congéneres. La actitud de los nuevos magnates criollos demostraron que las concepciones liberales sobre el individualismo, la iniciativa privada y la nula participación del Estado, llevadas hasta el extremo, podían también llegar a ser contraproducentes y hasta peligrosas para un Estado nacional en ciernes, como lo demuestra el hecho del aumento de la corrupción en la época. Claro está, todo esto no contribuyó en nada a la popularidad del partido: ni siquiera habiendo empezado la segunda década del siglo XX ya se había esparcido la convicción entre sus detractores de que "mediante la educación universal y el servicio militar obligatorio, el Partido Liberal había creado una máquina para fabricar cholos.[40]" Dicha impopularidad llevó, el 13 de julio de 1920, a que el último de los presidentes de esta época, José Gutiérrez Guerra,

---

[39] Lo interesante del caso es que, casi coincidiendo con la salida del Partido Liberal del poder, "las fuerzas internas sociales cambiaron también. La expansión de la hacienda en Bolivia terminó en los años veinte. Después de muchas quejas por fraude, el gobierno en 1923 decretó que solo se podía vender tierras de las comunidades indígenas con la intervención del fiscal y solo cuando el indígena demostrara que la venta obedecía a una necesidad económica grave." Erick D. Langer. "Una mirada desde afuera", *op. cit.*, p. 71.

[40] Por esta razón, y siguiendo todavía a Larson: "la campaña de Rouma en favor de la alfabetización universal, la lengua y la moralidad (castellanización), debía reemplazarse por prescripción indigenista acerca de 'la educación del indio en su propio medio'. Hacia 1920 esta prescripción se convirtió en la realidad del Ministerio de Instrucción boliviano." Brooke Larson, *op. cit.*, p. 138.

fuera depuesto por un golpe militar propiciado por Bautista Saavedra[41] que años antes, separándose de los liberales, fundó su propio partido: el Partido Republicano. El fin de una era de optimismo en el progreso había llegado.

---

[41] Y también hay que hacer notar que este personaje era llamado por sus enemigos como el "cholo" Saavedra.

CONCLUSIONES

Cómo se ha visto acá, una definición clara y concisa de lo que es la homogeneidad cultural parece que siempre estará rodeada de cierta controversia. En todo caso, definir una nación en términos étnicos, lingüísticos o culturales, nunca resultará en algo completamente apropiado, puesto que no se puede desligar estas definiciones de ciertos intereses políticos. Porque tanto las etnias, las lenguas o las culturas, siempre son capaces de sobrepasar los límites de los Estados que reivindican estas características como propias.

Pero en términos estrictos, más allá de los usos populares que se le puedan dar al término "nación", un proceso de homogeneización cultural, tal y como lo he explicado, solo puede aparecer cuando una o más culturas se identifican con su Estado. La razón de esto es simple: solo la nación cívica está interesada en crear procesos tales como los de ciudadanización.

Sin embargo, ninguno de estos procesos puede ser llevado de la noche a la mañana, siendo el producto de largos procesos históricos. Bolivia, en este sentido, no es una excepción. Pero en su caso es interesante constatar que se puede ligar este proceso tan atrás como en las épocas de la tradición burocrática hispana. Esto explicaría el porqué, incluso mucho después de crearse la república, el proceso de ciudadanización indígena tenía fuertes sesgos segregacionistas.

Fue precisamente por esta tradición que la tendencia a diferenciarse por medio de castas raciales estuvo tan arraigada en la mentalidad criolla. Esto fue debido a que, en gran parte, el Estado colonial no encontró mejor manera de mantener un equilibrio de fuerzas entre los diferentes componentes de la sociedad y por tanto, mantener el control.

Pero debido a acontecimientos externos, como las guerras napoleónicas en Europa, la sociedad colonial se resquebraja. El delicado equilibrio que existía entre los funcionarios peninsulares y el resto de la sociedad se vuelve obsoleto. Los criollos ven, en todo esto, una oportunidad para tratar de expandirse en detrimento de las clases indígenas.

Estos mismos criollos, que durante tanto tiempo simplemente se habían ocupado de este "enemigo interno" indígena, no prestaron la suficiente atención a los asuntos externos, siendo víctimas de cierta falsa sensación de seguridad. Sin embargo, luego de la Guerra del Pacífico (1879-1883), dicha percepción de seguridad se desvaneció.

Por otra parte, la derrota boliviana en esta guerra también significó el desprestigio total del modelo de caudillismo militar que hasta ese momento había imperado en el país.

Todo esto significó la llegada de los primeros partidos políticos del país y también de los primeros gobiernos civilistas por parte de los partidos Conservador y Liberal.

Sobre los primeros, aunque fueron el primer gobierno en Bolivia en traer innovaciones tecnológicas como el ferrocarril, lo cierto es que todavía era una sociedad altamente estamental. Esto se demuestra en el hecho de que en dicho periodo, defendían fuertemente sus intereses gamonalistas de grupo aunque proclamando que era por la defensa de la tradición.

Al final, esto generó descontentos, sobre todo en los sectores criollos que vieron, en el liberalismo, una opción para superar el atraso y la debilidad del país. Con la ayuda de la corriente filosófica del positivismo, se consideró que ya era hora de crear una verdadera nación boliviana. Para ello, se consideró que la ciudadanización indígena era el mejor camino para empezar a lograr esto. Pero de todas maneras, debido a que en la sociedad había todavía una fuerte tradición de segregacionismo, el concepto de "ciudadano" que se manejaba por aquel entonces, era cualitativamente diferente al que entendemos hoy en término de igualdad de derechos y obligaciones.

BIBLIOGRAFÍA

ANDERSON, Benedict, *Comunidades Imaginadas. Reflexiones sobre el origen y la difusión del nacionalismo*, Suarez, Eduardo L. (trad.), Fondo de Cultura Económica, México D.F., 2000.

ARGUEDAS, Alcides, *Pueblo Enfermo*, Librería editorial América, La Paz, [1909] 1996.

ARNADE, Charles W., *La dramática insurgencia de Bolivia*, Juventud, La Paz, 1964.

ARZE AGUIRRE, Rene D., "Notas para una Historia del siglo XX en Bolivia" en, *Bolivia siglo XX: la formación de la Bolivia contemporánea*, Campero Prudencio, Luis Fernando (comp.) Harvard Club de Bolivia, La Paz, 1999, pp. 47-88.

ASSADOURIAN, Carlos Sempat, *Minería y espacio económico en los Andes. Siglo XVI-XX*, IEP, Lima, 1980.

BAUMAN, Zygmunt, *Modernidad liquida*, Rosemberg, Mirta y Arrambide S., Jaime, (trad.), Fondo de Cultura Económica, Bs. As., 2006.

BERMAN, Marshall, *Aventuras marxistas*, Morales Vidal, Andrea y Castillo, Diego (trad.), Siglo XXI, Madrid, 2003.

BONIFAZ, R., Miguel, *Bolivia, frustración y destino*, Universidad Mayor, Real y Pontificia de San Francisco Xavier, Sucre, 1965.

BOROJOV, Ber, *Nacionalismo y lucha de clases (1905-1917)*, Mastrángelo, Stella (trad.), Cuadernos del pasado y presente Nº 83, México D.F., 1979.

CONDARCO, Ramiro, *Zarate, el "temible" Willka. Historia de la rebelión indígena de 1899*, Editorial El País, Santa Cruz de la Sierra, 2011.

CONVERSI, Daniele, "Homogenization, nationalism and war: should we still read Ernest Gellner" en, *Nations and Nationalism 13 (3)*, 2007, pp. 371-394.

CONVERSI, Daniele, "'We are all equals!' Militarism, homogenization and 'egalitarianism' in nationalist state-building (1789-1945)" en, *Ethnic and Racial Studies 31 (7)*, 2008, pp.1286-1314.

DE MESA, José y otros, *Historia de Bolivia, quinta edición*, Editorial Gisbert, La Paz, 2003.

DETHLOFF, Henry C. y **SHENK**, Gerald E., (edits.), *Citizen and soldier. A sourcebook on military service and national defense from colonial America to the present*, Routledge, Nueva York y Londres, 2011.

EAGLETON, Terry, *Ideología. Una introducción*, Vigil Rubio, Jorge (trad.), Paidos, Barcelona, 1997.

FRANCOVICH, Guillermo, *El pensamiento boliviano en el siglo XX*, Fondo de Cultura Económica, México, D.F., 1956.

GALINDO DE UGARTE, Marcelo, *Constituciones comparadas 1826 – 1967*, Los Amigos del libro, La Paz, 1991.

GELLNER, Ernest, *Naciones y nacionalismo,* Soto, Javier (trad.), Alianza editorial, Madrid, 1983.

GLAVE, Luis Miguel, *De rosas y espinas. Creación de las mentalidades criollas en los Andes (1600-1630)*, IEP, Documento de trabajo N° 52, 1993.

GRUNER, Wolf, *Parias de la patria. El mito de la liberación de los indígenas en la República de Bolivia, 1825-1890*, Brik, Gudrum y García, Ángel E. (trad.), Plural, La Paz, 2015.

GUHA, Ranajit y **SPIVAK**, Gayatri Chakravorty, *Selected subaltern studies*, Oxford University Press, Nueva York, 1988.

GUIBERNAU, Montserrat, "Anthony D. Smith on nations and national identity: a critical assessment" en, *Nations and Nationalism 10 (1/2)*, 2004, pp. 125-141.

HALPERIN, Tulio Donghi, *Historia contemporánea de América Latina*, Alianza editorial, Madrid, 1977.

HELLER, Agnes, *El falso pájaro azul de la felicidad*, Runa Team (trad.), Ediciones Runa, Cochabamba, 1999.

HERZOG, Tamar, "Naturales y extranjeros: sobre la construcción de categorías en el mundo hispánico" en, *Cuadernos de historia moderna 10*, 2010, pp. 21-31.

HOBSBAWN, Eric, *Naciones y nacionalismo desde 1780*, Beltrán, Jordi (trad.), Crítica, Barcelona, 2004.

IRUROZQUI VICTORIANO, Marta, *Élites en litigio. La venta de tierras de comunidad en Bolivia, 1880–1899*, IEP, Lima, Documentos de trabajo, N° 54, 1993.

IRUROZQUI VICTORIANO, Marta, *¿Ciudadanos armados o traidores a la patria? Participación indígena en las revoluciones bolivianas de 1870 y 1899*, Íconos, Revista de Ciencias Sociales N° 26, 2006, pp. 35-46.

IÑO DAZA, Weimar Giovanni, *La reforma educativa liberal (1899-1920): modernización de la educación pública en Bolivia* en Estudios Bolivianos N° 16, 2012, pp. 159-205.

JAMESON, Fredric y ZIZEK, Slavoj, *Estudios Culturales: reflexiones sobre el multiculturalismo*, Irigoyen, Moira (trad.), Paidos, Bs. As., 1998.

LANGER, Erick D., "Una mirada desde afuera", en Campero Prudencio, Fernando (edit.), *Bolivia en el siglo XX. La formación de la Bolivia contemporánea*, Harvard Club Bolivia, La Paz, 1999, pp. 47 - 88.

LARZON, Brooke, "La invención del indio iletrado: la pedagogía de la raza en los Andes bolivianos", en, De la Cadena, Marisol, (edit.), *Formaciones de Indianidad. Articulaciones raciales, mestizaje y nación en América Latina*, edit. Envión, 2007, pp. 117-147.

LORINI, Irma, *El nacionalismo en Bolivia de la pre y posguerra del Chaco (1910-1945)*, Plural, La Paz, 2006.

MACHICADO, Jorge, *Sindicalismo y el sindicato en Bolivia*, Universidad San Francisco Xavier-Facultad de Ciencias Jurídicas y Políticas, Sucre, 2010.

MANCILLA, H. C. F., *Neopatrimonialismo, élite de poder y expansión de la burocracia* en, Política y sociedad Nº 8, 1991, pp. 113-124.

MARTINEZ, Françoise, "¡Que nuestros indios se conviertan en pequeños suecos! La introducción de la gimnasia en las escuelas bolivianas" en *Bulletin de l'Institut Français d'Études Andines 28 (3)*, 1999, pp. 361-386.

MASUR, Gerhard, *Simón Bolívar*, FICA, Bogotá, 2008.

MENDIETA, Pilar, *Entre la alianza y la confrontación. Pablo Zarate Willka y la rebelión indígena de 1899 en Bolivia*, Plural, La Paz, 2010.

MONTENEGRO, Carlos, *Nacionalismo y coloniaje*, Juventud, La Paz, 1994.

OPORTO ORDOÑEZ, Luis, *Uncía y Llallagua. Empresa minera capitalista y estrategias de apropiación real del espacio (1900-1935)*, Plural, La Paz, 2007.

PIÑEIRO IÑÍGUEZ, Carlos, *Desde el corazón de América. El pensamiento boliviano en el siglo XX*, Plural, La Paz, 2004.

PLATT, Tristan, *Estado boliviano y ayllu andino. Tierra y tributo en el norte de Potosí*, IEP, Lima, 1982.

QUINTANA, Juan Ramón, "Entre la colonización del servicio militar y la interculturalidad de las Fuerzas armadas", en *Modernidad y pensamiento descolonizador. Memoria del seminario Internacional*, U-PIEB/ IFEA, La Paz, 2006, pp. 119-157.

QUINTANA, Juan Ramón, *Soldados y ciudadanos. Un estudio crítico sobre el servicio militar obligatorio en Bolivia*, Ministerio de Trabajo, Empleo y Previsión Social, La Paz, 2016.

RAMA, Ángel, *La ciudad letrada*, Arca, Montevideo, 1998.

SANJINÉS, Javier, *Rescoldos del pasado. Conflictos culturales en sociedades postcoloniales*, PIEB, La Paz, 2009.

SANTANA CARDOSO, Ciro Flamarión, "Sobre los modos de producción coloniales de América", en Assadourian, Carlos Sempat y otros, *Modos de producción en América Latina*, en Cuadernos del pasado y presente Nº 40, 1978, pp. 83-109.

SILES SALINAS, Jorge, *Ante la historia*, Editorial Nacional, Madrid, 1969.

SMITH, Anthony D., *La identidad nacional*, Depujol, Adela (trad.), Trama editorial, Madrid, 1997.

SOUX, María Luisa, "Tributo, constitución y renegociación del pacto colonial. El caso altoperuano durante el proceso de independencia (1808-1826)" en, *Relaciones. Estudios de historia y sociedad 29 (115)*, 2008, pp. 19-48.

TAMAYO, Franz, *Creación de la pedagogía nacional*, Librería editorial América, La Paz, [1910] 1994.

THOMPSON, Sinclair, "¿Hubo raza en Latinoamérica colonial? Percepciones indígenas de la identidad colectiva en los Andes insurgentes" en, De la Cadena, Marisol, (edit.), *Formaciones de Indianidad. Articulaciones raciales, mestizaje y nación en América Latina*, edit. Envión, 2007, pp. 55-81.

VEBLEN, Thorstein, *Teoría de la clase ociosa*, Herrero, Vicente (trad.), Fondo de Cultura Económica, México D. F., 1971.

VILAR, Pierre, *Iniciación al vocabulario del análisis histórico*, Dolors Folch, M. (trad.), Editorial Crítica, Barcelona, 1980.

WIARDA, Howard, *Corporatism and Comparative Politics: The Other Great "Ism"*, Londres, M. E. Sharpe, 1997.

ZAVALETA MERCADO, René, "Consideraciones generales sobre la historia de Bolivia (1932-1971)" en, *Obra Completa, Tomo II: Ensayos 1975-1984*, La Paz, Plural, 2013, pp. 35-96.

ZAVALETA MERCADO, René, "Lo nacional-popular en Bolivia" en, *Obra Completa, Tomo II: Ensayos 1975-1984*, La Paz, Plural, 2013, pp. 143-379.

ZIZEK, Slavoj, *El sublime objeto de la ideología*, Vericat Nuñez, Isabel (trad.), Editorial Siglo XXI, Bs. As., 2003.

9 798567 288528